AF235620

Richard Deiß

Zeitzeeing

100 Städte in Mittel- und Ostdeutschland, welche man kennen sollte

E-Mail-Adresse des Autors:
richard.deiss@gmail.com

Anregungen und Verbesserungsvorschläge sind willkommen und werden in der nächsten Ausgabe berücksichtigt.

Herstellung und Verlag: BoD - Books on Demand, Norderstedt
Dritte Auflage 2022, Originalausgabe

©Richard Deiss, Berlin 2022

Printed in Germany

ISBN   978-3-7534-578-57

Der Inhalt des Buches entspricht der Privatmeinung des Autors.

Bibliografische Information der Deutschen Nationalbibliothek
Die Deutsche Nationalbibliothek verzeichnet diese Publikation in der Deutschen Nationalbibliografie; detaillierte bibliografische Daten sind im Internet über http://dnb.d-nb.de abrufbar

Inhalt

Vorwort

Schon als Student war ich mit einer DB-Netzkarte unterwegs und besuchte etliche Städte in Deutschland. In den letzten Jahrzehnten sind dann viele weitere Städte dazugekommen. Schließlich fasste ich das ehrgeizige Ziel, die Zahl von 1000 besuchten Städten in Deutschland zu erreichen, was ich im Herbst 2015 erreichte. Im Frühjahr 2020 publizierte ich dazu ein Büchlein, welches über 250 der besuchten Städte kurz berichtete. Um auf Städte in Süddeutschland noch detaillierter eingehen zu können, publizierte ich im Sommer einen eigenen Band zu Bayern und Baden-Württemberg. Darauf folgten dann weitere Bände zu West- und Norddeutschland. Mit diesem Büchlein zu Ostdeutschland ist die Serie nun abgeschlossen. In diesem Band sind vier der neuen Bundesländer plus Berlin abgedeckt. Die Städte in Mecklenburg-Vorpommern sind im Norddeutschlandband enthalten. Damit sind jetzt mehr als 600 Städte mit kurzen Texten abgedeckt und somit über die Hälfte der über 1200 besuchten Orte in Deutschland.

Für die vorliegende dritte Auflage habe ich 12 Städte in der Region neu besucht und die Länderkapitel entsprechend angepasst.

Das Büchlein hat nicht die Intention, in die Tiefe zu gehen oder ein Reiseführer zu sein. Es handelt sich um Städte- und Reiseimpressionen, welche jedoch im Laufe der Zeit nach neuen Reisen und Einblicken ausgebaut werden sollen.
Ich hoffe, der Leser findet trotz dieser bescheidenen Ansprüche, dennoch manches Interessante im Büchlein.

Berlin im März 2022
Richard Deiß

Änderungen in der dritten Auflage

Bis zum Erscheinen der dritten Auflage konnte ich zwei neue Städte in Sachsen, drei in Thüringen und sieben Städte in Brandenburg besuchen. In Sachsen waren dies Hoyerswerda und Lauta (unbedeutender Ortskern, aber sehenswerte Gartenstadt Lauta-Nord), in Thüringen Ilmenau, Plaue (winzige Landstadt) und Stadtilm (kleine Stadt mit einigen Sehenswürdigkeiten), in Brandenburg Biesenthal (Landstädtchen mit netten Partien um die Kirche), Hennigsdorf (ohne historischen Ortskern, AEG-Werkssiedlung Rathenau-Viertel) Hohen Neuendorf, (in der Bienenstadt gibt es im Zentrum wenig zu sehen, etwas außerhalb eine Himmelspagode in chinesischem Stil) Schwarzheide (Industriestadt mit wenigen historischen Sehenswürdigkeiten), Spremberg, Velten (Rathaus und Ofen- und Keramikmuseum sehenswert) und Werneuchen (sehenswerte Dorfkirchen). Von diesen Städten habe ich drei in die Top-100 Liste folgende aufgenommen
- Hoyerswerda (Altstadt, Bedeutung)
- Spremberg (Altstadt, Topografie)
- Ilmenau (Goethe-Stadt, Unistadt)

Unter den bereits besuchten Städten gefiel mir bei einer erneuten Besichtigung Eberswalde besser als erwartet. Die Stadt habe ich deshalb ebenfalls aufgenommen. Um für die neuen Orte Platz zu machen, habe ich folgende Städte aus der Top-100-Liste gestrichen: Calau, Herzberg, Rathen (Sachsen) und Ummerstadt (Thüringen).

Region	Gesamtzahl der Städte	besichtigt	%	im Buch erwähnt
Brandenburg	114	73	64	30
Sachsen-Anhalt	104	38	37	30
Thüringen	118	37	32	30
Sachsen	168	54	32	45
Insgesamt	504	202	40	135

1. Berlin

Berlin kannte ich noch vor dem Mauerfall, zumindest den Westteil. Am 9. November 1989, als die Mauer fiel, wollte ich meinen damals in Berlin lebenden Bruder anrufen, doch ich kam nicht durch, so überlastet waren die Leitungen und am nächsten Tag sagten alle nur *Wahnsinn, Wahnsinn*. Berlin war vor dem Fall etwas Besonderes, eine Stadt, wo zwei politische und ökonomische Systeme aufeinander-stießen. Manche sagten scherzhaft, *die Stadt mit der am besten erhaltenen Stadtmauer der Welt*. Faszinierend war in den 1980er Jahren die Bohème- und Punkszene in Kreuzberg, vor allem im legendären Postzustellbezirk SO 36. Und wenn man von Berlin nach Westdeutschland trampte, traf man immer ein buntes junges, oft punkiges Völkchen an den Auffahrten zu den Transitautobahnen. Seit der Wende hat sich Berlin rasant verändert und vernachlässigte Innenstadtteile wurden erst hipp und dann gentrifiziert, allen voran der Prenzlauer Berg (Prenzlberg) und Mitte. Weiter draußen, außerhalb des hundekopf-förmigen S-Bahn-Rings, ist weniger davon zu spüren. Oberschöneweide wird z.B. immer noch zu Oberschweine-öde verballhornt. Berlin ist eine bunte Mischung aus alt und neu, aus Hässlichem und Schönem, quirligen Stadtteilen und langweilig-spießigen Vorstädten, schönen Gewässern und öder platter Landschaft.

Seit 2012 habe ich in Berlin eine Wohnung (in Zehlendorf) und zeitweise war ich fast einmal pro Monat in der Stadt. Berlin kenne ich deshalb recht gut. Wegen meiner Wohnung kenne ich natürlich besonders Zehlendorf gut, aber relativ oft war ich in der Vergangenheit auch in Mitte unterwegs. Oft komme ich mit dem Zug am Hauptbahnhof an, der von immer mehr unglaublich mediokren Hotel-bauten belagert ist, und gehe dann zu Fuß am Reichstag vorbei zum ebenfalls ikonischen Brandenburger Tor.

6

2. Brandenburg

Berlin ist von der `Streusandbüchse´ Mark Brandenburg umgeben, wo es, außer Potsdam, kaum größere historische Städte gibt. Nach der Wende unterstützte Nordrhein-Westfalen (NRW) Brandenburg beim Aufbau von Verwaltungsstrukturen. Im November 1987 wurde in NRW die *Arbeitsgemeinschaft Historische Stadtkerne* gegründet, 1990 die *Arbeitsgemeinschaft Historische Ortskerne*. 59 historische Stadt- und Ortskerne sind seither in diesen Arbeitsgemeinschaften vertreten. Von diesem Beispiel inspiriert, gründete sich am 22. Mai 1992 die *Arbeitsgemeinschaft Städte mit historischen Stadtkernen des Landes Brandenburg*. Ursprünglich waren es 20 Mitgliedstädte, mittlerweile sind es 31 (siehe Karte im Anhang). Während es in NRW 3.3 Orte pro 1 Million Einwohner sind, hat Brandenburg 12. Zudem reicht die Geschichte vieler Städte in Brandenburg weniger weit zurück als weiter westlich in Deutschland, wo manche Orte schon von den Römern gegründet wurden. Nachdem ich alle historischen Stadt- und Ortskerne von NRW besucht hatte, nahm ich mir dasselbe für Brandenburg vor. Das war schwieriger, denn so mancher Ort lag ziemlich an der Peripherie des Landes und war nicht Mal mit der Bahn erreichbar. Etliche Orte waren auch sehr klein und wenig belebt, und bei manchem Ort musste ich denken, oh, viel gibt´s hier ja nicht zu sehen, jede schwäbische Reichstadt hat zehnmal so viele Fachwerkhäuser und interessantere Architektur. Immerhin repräsentieren diese Orte 27% der 113 Städte in Brandenburg und auch durch deren Besuch sah ich mittlerweile über die Hälfte der Städte Brandenburgs.

Die zehn Städte, welche mich am meisten beeindruckten

❖ **Potsdam**

Jüngere Besucher zieht Berlin an, weil es so eine `crazy city´ ist. Nur wenige realisieren jedoch, dass Potsdam ein *mad stop* ist, zumindest von hinten gelesen. Potsdam ist heute eine der am schnellsten wachsenden Städte im Osten des Landes und profitiert von der Suburbanisierung Berlins und der Funktion als Landeshauptstadt. In kaum einer anderen deutschen Stadt wird so viel Historisches wieder rekonstruiert. Interessant ist dabei, wie Wiederaufbaugegner und Aufbaubefürworter verschiedene Gruppen vereinen. Auswärtige, vor allem aus dem Westen, sind meist für die Rekonstruktion. Einheimische sind oft dafür, DDR-Bauten zu erhalten, zum Beispiel das Merkurhotel oder die mittlerweile abgerissene Fachhochschule am Alten Markt. Unterstützt werden sie oft von eher modern bzw. links-liberal eingestellten Medienschaffenden aus dem Westen. Beim Wiederaufbau der Garnisonkirche verlaufen die Fronten dagegen klar zwischen links und konservativ. So oder so ist Potsdam eine Stadt, die einen kaum kalt lässt und einen manchmal sogar umhaut, wenn man Bauten wie das Neue Palais, den Einstein-Turm von Mendelsohn oder das Brandenburger Tor sieht. Und dann gibt es ja noch die vielen Gewässer mit schönen Wohnlagen an denen oft alte, mittlerweile renovierte Villen liegen.

❖ **Cottbus**

Bei Cottbus (sorbisch Chosebuz), der zweitgrößten Stadt des Landes, knapp an der 100 000 Einwohnerzahl schrammend, denken manche an den Zungenbrecher `der Cottbuser Postkutscher putzt den Cottbuser Postkutsch-kasten´. Die Stadt wird zudem mit dem nahen Braunkohle-bergbau verbunden (Fußballverein Energie Cottbus). Bei

8

meinem ersten Besuch in Cottbus kurz nach der Wende, machte die Stadt mit der unwirtlichen Gegend um den Hauptbahnhof, wo noch viele unsanierte Plattenbauten standen, auf mich keinen guten Eindruck. Später fange ich an, Kunstmuseen zu sammeln und finde das Kunstmuseum Dieselkraftwerk Cottbus und seine Umgebung richtig gut. Wieder ein paar Jahre später sammle ich Opernhäuser und komme deshalb im Februar 2018 wieder und besuche das schöne Jugendstiltheater (manche bezweifeln jedoch, ob es sich wirklich um Jugendstil handelt), das einzige Opernhaus Brandenburgs.

❖ **Frankfurt/Oder**

Frankfurt an der Oder hat mit einer Namensgleichheit zu kämpfen. Immerhin führt das dazu, dass dann auch jeder weiß, an welchem Fluss die Stadt liegt. Böll erzählte einmal die Anekdote, wie er in seiner Wahlheimat Irland mal mit einem DM-Schein bezahlen wollte. Der Ire traute der Sache nicht und meinte, das könnte ja auch ein DDR-Schein sein. Böll antwortete, da stünde ja Frankfurt (Bundesbank) als Ortsbezeichnung drauf. Der Ire daraufhin, diese Stadt gäbe es ja auch in Ostdeutschland. Böll verweist auf den Schrägstrich /Main. Da verließen den Iren die Geographie- kenntnisse (im Übrigen bedeutet Main im Englischen ja Haupt). Fra*nkfurt/Oder was*? könnte man beim Namen der Stadt auch denken.

Frankfurt/O. hat auch den Beinamen Kleiststadt. Heinrich von Kleist (1777-1811) wurde hier geboren und schon zweimal war ich im nahe der Oder gelegenen Kleist- Museum. Kleist hat sich mit seiner Partnerin Henriette Vogel am 21. November 1811 in Berlin-Wannsee er- schossen. Schon lange wollte ich den dort vorhandenen Gendenkstein sehen, aber leider schaffte ich es nie. Bei Frankfurt/Oder fällt mir immer auch Gabriela Mendling

9

(1959-2006) ein. Weil ihr Mann Chefarzt am örtlichen Klinikum wurde, hatte es sie es kurz nach der Wende von Wuppertal dorthin verschlagen. Als Westfrau litt sie unter dem miefigen, feindseligen Osten. Ihre Erfahrungen verarbeitete sie im Buch *NeuLand*, welches sie unter dem Pseudonym Luise Endlich veröffentlichte. Kurze Zeit später folgte ein zweiter Band *Ostwind*. Das löste neue Anfeindungen aus und 2000 zogen die Mendlings nach Berlin, wo Gabriela Mendling nach schwerer Krankheit bereits 2006 starb.

☞1999 prägte der aus Darmstadt stammende, seit 1998 in Frankfurt/Oder lebende Aktionskünstler Michael Kurzwelly (*1963), den Begriff *Slubfurt* für eine fiktive Stadt bestehend aus Slubice und Frankfurt.

❖ **Brandenburg/Havel**

Lange hat mich die Stadt Brandenburg nicht besonders beeindruckt. Denn sie stagnierte bis in die frühen 2000er und die Stadtkernsanierung kam langsamer voran als anderswo. Mittlerweile wächst sie jedoch und entwickelt sich zur Pendlerstadt nach Berlin. Das Zentrum ist saniert, und viele Wasserläufe tragen zur Attraktivität bei. Eigentlich gibt es sogar mehrere alte Ortskerne. Weil sie den gleichen Namen wie das Bundesland hat, ist sie dennoch bundesweit eher wenig bekannt.

❖ **Guben**

Guben hieß von 1961-1990 *Wilhelm-Pieck-Stadt Guben*, denn der DDR-Staatspräsident war hier geboren, allerdings im östlichen, heute als Gubin zu Polen gehörenden Teil der Stadt. Guben gehört zu den Städten, die seit der Wende am stärksten geschrumpft sind. Guben hat seit 1990 die Hälfte der damals 33 000 Einwohner verloren. Dazu beigetragen haben die periphere Lage und die Textilindustrieprägung,

10

mit entsprechenden Arbeitsplatzverlusten. Geht man durch die Stadt, sieht man Spuren der früheren Bedeutung als Industriestadt sowie Bemühungen, die schrumpfende Stadt als preisgünstigen Standort für Altenwohnungen, ähnlich wie Görlitz, zu positionieren. Bereits im Jahr 1900 war Guben eine große Mittelstadt mit 33 000 Einwohnern, durch die eine Straßenbahn fuhr. Guben wurde im Zweiten Weltkrieg zu 90% zerstört. Die Reste der ehemaligen Altstadt finden sich heute auf der polnischen Seite, in Gubin (16 000 Einwohner). Dort sind noch das eindrucksvolle alte Rathaus und eine Kirchenruine zu sehen. Es gibt Bestrebungen, diese Stadt- und Hauptkirche wieder aufzubauen.

❖ **Eberswalde**

Vor etlichen Jahren hatte ich den Eberswalder Bahnhof besucht, um das Spritzkuchendenkmal in der Eingangshalle zu fotografieren. Der Eberswalder Spritzkuchen wurde ab 1842 an den Bahnhof geliefert und so überregional bekannt. Damals kam ich nicht über das Bahnhofsviertel hinaus. Im November 2021 besuchte ich die Stadt erneut und war überrascht über die schöne Lage des Stadtrandes an Hängen am Rand eines Waldes. Weil Eberswalde inmitten von großen Waldgebieten liegt, wird es auch Waldstadt genannt. Der Innenstadt sieht man die Kriegszerstörungen an, es gibt nur wenige historische Gebäude. Die Altstadt wirkt jedoch aufgeräumt und in gutem Sanierungszustand. Verschiedene Kanäle machen das Stadtbild interessant. Eberswalde scheint auf kulturellem Gebiet aktiv zu sein und hat zudem Ambitionen als Ökostadt. Es liegt noch im Pendlereinzugsbereich von Berlin und ist eher eine dynamische und wachsende als eine schrumpfende Stadt. Der positive Eindruck bringt mich dazu, die Stadt in die Liste der Top-100 orte aufzunehmen.

❖ Finsterwalde

Finsterwalde ist eine freundliche Stadt am Südrand Brandenburgs. Nur der Name klingt so, als ob der Ort im finstersten Walde läge, was es schwierig macht, Neubürger anzuziehen. Ende des 19. Jahrhunderts gab es einen Schlager `Wir sind die Sänger von Finsterwalde´ und seit dieser Zeit wird hier alle zwei Jahre das Finsterwalder Sängerfest gefeiert. So konnte die Stadt ab 2013 durchsetzen, dass sie auf den Ortsschildern den freundlicheren Zusatz Sängerstadt tragen darf. Im Volksmund heißt sie dennoch scherzhaft auch *Dusterbusch*.

❖ Luckau

Luckau ist nicht per Bahn erreichbar. Der Ort ist jedoch recht hübsch. Eine Besonderheit sind reich stuckierte barocke Giebelhäuser am Marktplatz. Bei einem auf Bildern roten Haus mit weißem Stuck war die Farbgebung beim Besuch genau umgekehrt, nun war der Putz weiß und die Stuckelemente rot. Das sah beeindruckend aus, dadurch hatte der Stuck die Anmutung von Blutgefäßen. Zusammen mit anderen barocken Häusern in verschiedenen Farben ergibt sich eine beschwingte südländische Atmosphäre. Hier waren denn auch italienische Baumeister zugange.

Überraschende Fassaden in Luckau.

12

❖ **Buckow**

Buckow in der Märkischen Schweiz ist eine kleine, gemütliche Stadt mit architektonisch vielfältigen Reizen, wie Kirchen, Fachwerkhäusern, Umgebindehäusern und einer bewegten Topografie mit Hügeln und mehreren Seen. Ein kultureller Höhepunkt ist das einstige Sommerhaus Bertolt Brechts, das Brecht-Weigel-Haus.

❖ **Angermünde**

Die Kleinstadt Angermünde im Nordosten Brandenburgs ist Bahnknotenpunkt. Ich besuchte sie im Sommer 2013 und sie blieb mir mit den bunten Fachwerkhäusern, der gotischen Stadtpfarrkiche St. Marien mit ihrem dicken Turm und ihrer Feldsteinfassade und dem gemütlichen Marktplatz mit den unvermeidlichen Bronzefiguren als sehenswert und behaglich in Erinnerung.

Weitere Städte in den Top 100

❖**Wittenberge**

Wittenberge liegt eisenbahnmäßig auf halbem Wege zwischen den Metropolen Hamburg und Berlin, was einst seine Entwicklung begünstigte.
Ein riesiger Bahnhof zeugt von der früheren Bedeutung der Stadt. Immerhin halten dort heute einzelne ICE-Züge. Geht man von dort zu Fuß in die Innenstadt, merkt man, dass das bauliche Hemd eigentlich zu groß ist für die schrumpfende Stadt, die mittlerweile nur noch 16 900 Einwohner hat. Man versucht gegenzusteuern, zum Beispiel mit Coworking-Arbeitsplätzen für großstadtmüde kreative, jüngere und IKT-orientierte Leute. Ein Wahrzeichen der Stadt ist der Uhrturm des ehemaligen Nähmaschinenwerkes mit der größten Turmuhr Deutschlands. Geht man weiter Richtung Altstadtkern an der Elbe, stellt man fest, dass dieser recht

klein ist. Vor der Industrialisierung war die Stadt doch recht unbedeutend.

☞ Unweit von Wittenberge mit **Bad Wilsnack** ein Ort, der mit der Wunderblutkirche einst ein wichtiges Pilgerziel im nördlichen Deutschland war, bis die Bluthostien Mitte des 16. Jahrhunderts durch evangelische Geistliche verbrannt wurden. Beim Stadtnamen denke ich immer, ob ich wirklich einen Snack will, aber es muss keine Hostie sein.

❖ **Jüterbog**

Mit der hübschen Stadt Jüterbog verbindet mich ein Schreibfehler. In einem meiner Bahnhofsbücher hatte ich es fälschlicherweise Jüteborg geschrieben (ich dachte wohl an Göteborg). Im Dezember 2012 kam ich hier nachmittags an und es wurde schon dunkel. Der Weg vom Bahnhof zur Innenstadt war weit. Was von der backsteingeprägten Stadt mit ihren Toren und Türmchen zu erblicken war, schien jedoch sehenswert.

❖ **Neuruppin**

Bereits kurz nach der Wende besuchte ich Neuruppin, weil die Mutter meiner damaligen Freundin aus der Stadt kam. Neuruppin hat den Beinamen Fontanestadt, weil Theodor Fontane (1919-1898) hier geboren wurde. Auch der bedeutende preußische Architekt Friedrich Schinkel (1781-1841) wurde in Neuruppin geboren. Ist das der Grund, weshalb Neuruppin auch *preußischte aller preußischen Städte genannt* wird? Auf jeden Fall liegt die Stadt idyllisch am Neuruppiner See. Obwohl Neuruppin im Mittelalter zu den größeren nordostdeutschen Städten gehörte, sind keine mittelalterlichen Gebäude erhalten, denn am 26. August 1787 zerstörte ein Flächenbrand die Stadt. Die Innenstadt ist vielmehr durch die neoklassische Architektur des 19. Jahrhunderts geprägt. Schon bei meinem Besuch im Jahre 1993,

14

kurz nach der Wende, machte die Stadt einen soliden Eindruck.

❖ **Kyritz** (an der Knatter)

Kyritz ist eine nette Kleinstadt aber tiefste Provinz. Daran erinnert eine am Marktplatz eingelassene Bodenplatte auf der zu lesen ist `Dieser Stein erinnert an den 14.02.1842. Hier geschah um 10:57 NICHTS.´ Weil es hier früher viele knarzende Windmühlen gab wird die Stadt spaßeshalber auch *Kyritz an der Knatter* genannt. Also Humor haben sie.

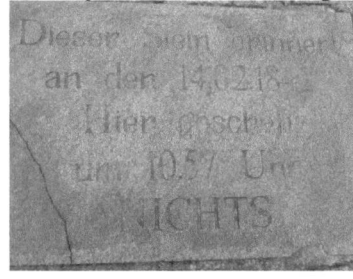

Bodeninschrift in Kyritz

❖ **Lübben und Lübbenau**

Zwei Orte in Brandenburg, die ich schlecht auseinander-halten kann, sind Lübben und Lübbenau, beide liegen auch noch im Spreewald und im Siedlungsgebiet der Sorben, was zweisprachige Bahnhofsschildern mit sich bringt. Beide haben etwa 15 000 Einwohner und ein Schloss.

Lübben liegt, was den Stadtkern betrifft, näher am Wasser und wird neben dem Schloss durch den weißen Turm der Paul Gerhard-Kirche geprägt. Lübbenau hat jedoch größere Anteile an den Kerngewässern des Spreewaldes. Lübbenau hat auch eher so etwas wie eine kleinteilige Altstadt. Es gibt hier auch einzelne kleinere Fachwerkhäuser.

❖ Bad Belzig

Im Höhenzug Fläming liegt die kleine Kurstadt Bad Belzig. Diese Kleinstadt weist ein historisches Ortsbild auf, welches jedoch durch einfache Gebäude geprägt ist. Immerhin gibt es eine Burg mit rundem Turm. Darin ist heute ein Hotel untergebracht.

❖ Oranienburg

Oranienburg ist eine recht große Mittelstadt und nördliche Endstation der Berliner S-Bahnlinie 1. Bekannt ist Oranienburg für die Gedenkstätte, die sich auf dem Gelände des ehemaligen KZ Sachsenhausen befindet.

An der Havel findet sich zudem mit dem Schloss Oranienburg das älteste Barockschloss der Mark Brandenburg. Zum Schloss gehört ein weitläufiger Schlosspark. Was Oranienburg jedoch irgendwie fehlt, ist eine verwinkelte, gemütliche Altstadt.

❖ Spremberg

Als ich im Januar 2022 Spremberg besuche bin ich überrascht. Auf einer Informationstafel zur Stadt lese ich, dass das heute am Ostrand der Bundesrepublik gelegene Spremberg, von 1871 bis 1918 in der geographischen Mitte des Deutschen Reiches, welches damals weit nach Osten reichte, lag. Hier am Südrand Brandenburgs findet sich zudem eine überraschend gut sanierte Stadt, auch Perle der Lausitz genannt, mit intaktem, kleinteiligem Einzelhandel. Spremberg scheint weit weniger von Schrumpfung betroffen zu sein als das nahe Hoyerswerda und weist zudem eine interessantere Topografie auf. In der Stadt ein altes Wasserkraftwerk an der Spree mit tosendem Wasserfall. Am Rande der Stadt ein Schloss und der Weg zum Bahnhof führt durch einen Wald und einen Hang hoch.

Spremberg

❖ **Rheinsberg**

Rheinsberg ist eine sehr kleine, mit öffentlichen Verkehrs-mitteln schlecht erreichbare Stadt am Südrand der Mecklen-burgischen Seenplatte. Bekannt ist Rheinsberg durch sein Schloss und durch Kurt Tucholskys Buch *Rheinsberg: ein Bilderbogen für Verliebte*. Besucht man in die Stadt, findet man einen nur recht kleinen Stadtkern mit eher leblosem Marktplatz. Außer dem Schloss gibt es kaum Sehens-würdigkeiten.

Andere Orte

Rathenow

Rathenow wird auch *Stadt der Optik* genannt. Am Bahnhof ein Denkmal für Johann Heinrich August Duncker (1767-1843) den Begründer der deutschen optischen Industrie. Aufgrund seiner industriellen Bedeutung wurde Rathenow im Krieg zu großen Teilen zerstört. Die Stadt ist sichtbar durch DDR-Wiederaufbauarchitektur geprägt. Dazu kom-

17

men schlicht wirkende 1929-31 von Otto Haesler errichtete Zeilenbauten. Haesler zeichnete später auch für einige DDR-Nachkriegs-Zeilenbauten in der Innenstadt verantwortlich. Historische Gebäude gibt es in der Stadt nur wenige, darunter einzelne Fachwerkhäuser. Als ich 2012 vom Bahnhof Richtung Innenstadt ging kam mir die Stadt relativ unwirtlich vor.

Rathenow

Herzberg

Als ich einmal in Herzberg am Bahnhof ankam und die Stadt besichtigen wollte, stellte sich heraus, dass der Ortskern doch sehr weit vom Bahnhof entfernt ist. Fast eine halbe Stunde dauerte es, bis der unspektakuläre Stadtkern erreicht war. So würde ich den nächsten Zug verpassen. Schließlich drückte ich einem Einheimischen Autofahrer 10 Euro in die Hand, um mich zum Bahnhof zu bringen.

Calau

In der Schuh- und Witzestadt Calau (von hier sollen die Kalauer kommen) hatte ich ein Problem. Der Bahnhof lag doch recht weit vom Stadtkern. Dazu gibt es den Witz,

18

Warum liegt der Bahnhof in Calau so weit draußen? Weil er an die Schienen gebaut wurde. Ein Körnchen Wahrheit liegt sogar darin, denn der Bahnhof findet sich an einer Stelle, wo sich zwei Bahnlinien kreuzen.

Fürstenwalde

Von Fürstenwalde hat es mich vor einigen Jahren nach Himmelpfort verschlagen. So heißt ein Ortsteil von Fürstenberg (aufgrund des Namens verfügt er über ein Weihnachtspostamt) und damals war ich mit dem Taxi von Fürstenberg nach Lychen zum Flößereimuseum unterwegs und sah zufällig diesen Namen und bat den Taxifahrer, zu halten.

Altlandsberg

Altlandsberg ist eine recht kleine, aber in ihrer historischen Architektur gut erhaltene Stadt nahe Berlin. Leider hat die Stadt keinen S-Bahnanschluss, sonst wäre sie wohl ein populäres Sonntagsausflugsziel. Die Stadtkirche hat, wie oft in kleineren Orten Brandenburgs, eine Feldsteinfassade mit dickem, rechteckigem Kirchturm. Auf der zentralen Grünfläche, ebenfalls oft in Brandenburg zu sehen, ein Kriegerdenkmal und eines für den Turnvater Jahn.

Schwedt

Schwedt an der Oder ist eine seit der Wende stark schrumpfende Industriestadt mit großer Erdölraffinerie. Um die Stadt attraktiver wirken zu lassen und die Lage am Nationalpark Oder herauszustreichen, darf sie sich seit 2013 offiziell *Nationalparkstadt* nennen. Manche sähen gerne den Beinamen *Perle der Uckermark*. Den hat jedoch schon Templin inne. Auf das neoklassische preußische Erbe weist ein weiterer älterer Beiname hin: *Potsdam der Uckermark.*

Senftenberg

Senftenberg liegt ganz im Süden Brandenburgs. Dass die Stadt einst zu Sachsen gehörte, sieht man an der kursächsischen Postmeilensäule auf dem Marktplatz. Der Wiener Kongress schlug Senftenberg jedoch 1815 Preußen zu. Die Altstadt ist recht klein und nur mäßig interessant. Immerhin gibt es ein Schloss und als Kreisstadt hat Senftenberg eine gewisse zentrale Funktion. Senftenberg hat auch ein recht großes Bahnhofsempfangsgebäude aus den 1920er Jahren. Was Senftenberg in den letzten Jahrzehnten attraktiver gemacht hat, ist das aus dem Braunkohletagebau entstandene Lausitzer Seenland mit dem relativ stadtnahen Senftenberger See.

☞Ganz am Südrande Brandenburgs liegt das unspektakuläre Ortrand. Hier stieg ich einmal aus dem Zug, um den Kutschenberg zu besuchen, die mit 201 m über N.N. höchste Erhebung Brandenburgs.

Luckenwalde

Luckenwalde wurde im 19. Jahrhundert *Stadt der Schornsteine* genannt, so gut hatte sich hier im Süden Berlins an der Bahnstrecke nach Halle die Industrie entwickelt. Im Jahre 2013 fuhr ich hierher, um die 1921-23 nach Entwürfen von Erich Mendelsohn erbaute Hutfabrik zu besuchen. Leider gelang es mir bei meinem kurzen Aufenthalt nicht, die Hutfabrik zu finden. 2008 kam mit einem goldenen Anbau an das Empfangsgebäude des Bahnhofs, das zur Bibliothek umgewandelt worden war, eine neue architektonische Sehenswürdigkeit hinzu, die natürlich leichter zu finden war. Zu den Höhepunkten der historischen Architektur der Stadt gehört die spätgotische Johanniskirche und der Marktturm mit seiner Feldstein-Ziegelfassade. Luckenwalde eine nicht besonders atmosphärische aber dennoch sehenswerte Stadt.

Eisenhüttenstadt

Eisenhüttenstadt war als sozialistische Modellstadt geplant und hieß ursprünglich Stalinstadt. Mit der Entstalinisierung nach 1953 wurde der Ort in Eisenhüttenstadt umbenannt, in der DDR jedoch als *Blechbudenhausen* verspottet. Als ich im Winter 2013 die Stadt besuche, gehe ich nicht zum Stahlwerk, sondern Richtung Oder und entdecke an der Einmündung des Oder-Spree-Kanals in die Oder den alten Dorfkern von Fürstenberg, dem aber noch die Belebtheit und die Kneipen eines attraktiven Altstadtkerns fehlen.

☞Ein Ort, den ich nur wegen seines Namens besucht habe, ist die kleine Stadt **Müllrose**. Man stellt sich vor, wie im Müll eine Rose blüht und in der Tat liegt Müllrose nicht weit von Eisenhüttenstadt entfernt. Dazwischen liegt noch ein Ort mit seltsamen Namen, **Siehdichum**.

Besuchte Städte in Berlin/Brandenburg: 73 von 114
Top Städte (Top 10 fett)
Berlin, Potsdam, Brandenburg, Cottbus, Frankfurt/O Jüterbog, Kyritz, Finsterwalde, Buckow, Angermünde, Wittenberge, Neuruppin, Luckau, Lübben, Lübbenau, Bad Belzig, Oranienburg, Rheinsberg, Herzberg, Spremberg
Andere besuchte Orte (in Klammern ohne Stadtstatus):
Bad Liebenwerda, (Bad Saarow), Bad Wilsnack, Beeskow, Beelitz, Bernau, (Chorin), Biesenthal, (Birkenwerder), Calau, Dahme, Doberlug-Kirchhain, Eisenhüttenstadt, Erkner, Falkenberg, Fürstenwalde, Gransee, Guben, Havelsee, Hohen Neuendorf, Hennigsdorf, Joachimsthal, Königs Wusterhausen, Kremmen, Müllrose, Lenzen, Luckenwalde, Nauen, Neustadt (Dosse), Peitz, Perleberg, Prenzlau, Pritzwalk, Rathenow, Schwarzheide, Schwedt, Seelow, Senftenberg, (Stahnsdorf), Strausberg, Teltow, Treuenbrietzen, Ventschau, (Wandlitz), Velten, Werneuchen, (Woltersdorf), Zehdenick, Ziesar, Zossen.

---

3. Sachsen-Anhalt

Etwa ein Drittel der Städte von Sachsen-Anhalt habe ich bisher besucht (38 von 104 Städten). Dabei konnte ich schon in den 1980er Jahren im Rahmen einer geographischen DDR-Exkursion wichtige Städte wie Magdeburg, Halle, Wernigerode und Halberstadt kennen lernen, damals jedoch, besonders Halle, teilweise in bedrückendem baulichen Zustand.

Eine Bekannte meinte einmal, in Brandenburg gäbe es nur wenig sehenswerte Städte. Eine Ausnahme wäre Havelberg. Dabei liegt Havelberg in Sachsen-Anhalt, allerdings an der Havel, die man eher mit Brandenburg assoziiert, und unweit der brandenburgischen Landesgrenze. Sachsen-Anhalt ist größer und vielfältiger, als man oft denken würde und schließt Gegenden ein, die eher norddeutsch wirken, sowie Städte, deren Mundart man nach Sachsen verorten würde.

Bei Besuchen im Land fällt mir eine Graffitigrenze (und Fußballfangrenze) auf, die das Land teilt. Nördlich der Linie Dessau-Aschersleben-Köthen dominieren an Fassaden die Buchstaben FCM (FC Magdeburg), südlich davon jedoch HFC (Hallescher FC). Typisch Für Sachsen-Anhalt ist, wie in Brandenburg, wo er geboren wurde, eine Vielzahl von Jahn-Denkmälern. Jahn (1778-1852) wurde in der Prignitz in Brandenburg geboren, lebte aber in verschiedenen Städten von Sachsen-Anhalt, darunter Salzwedel, Köthen und Freyburg (Unstrut), wo er starb.

Die zehn Städte, welche mich am meisten beeindruckten

❖ Magdeburg

Die Landeshauptstadt Magdeburg ist nicht jedermanns Sache. Sie wurde gleich zweimal total zerstört. Im Dreißigjährigen Krieg und noch einmal im Zweiten Weltkrieg. Hier

22

sind Hauptachsen von stalinistischer Wiederaufbauarchitektur geprägt, der Bahnhofsbereich wiederum von gesichtsloser Nachwendearchitektur. Bereits 1985 war ich im Rahmen einer DDR-Exkursion hier. Am Rathausplatz wurde gerade Leuchtreklame abmontiert, um ihn näher an seine historische Gestaltung heranzuführen. Ich musste daran denken, dass ich kurz zuvor gelesen hatte, Magdeburg wäre die graueste der grauen DDR-Städte und sah mich durch dieses Abmontieren bestätigt (unsere Stadt soll noch grauer werden). Heute sieht es hier ein bisschen freundlicher aus, aber viel Altstadt ist hier nicht.

Auch der Domplatz ist wenig atmosphärisch. Ein Highlight ist jedoch der Dom selbst, das älteste gotische Bauwerk Deutschlands, sowie der historische Gebäudekomplex zwischen Dom und Elbe. Das Viertel um den Hasselbachplatz überrascht durch großstädtische Straßenzüge, wie man sie so eher in Wien oder Prag erwarten würde. Neuere Akzente sind die 2005 erbaute pinkfarbene Grüne Zitadelle, der letzte Hundertwasserbau. Ich bin mir mit Freunden nicht klar, ob Magdeburg zu den 100 Topstädten Deutschlands gerechnet werden kann oder nicht. Die Freunde sprechen sich eher dagegen aus, ich lasse sie wegen Dom und Elbe noch auf der Liste, auch weil die Stadt von einer gewissen Dynamik geprägt ist und nicht in Historie erstarrt.

❖ **Halle (Saale)**

Ein klarerer Fall einer Top-Stadt ist die zweitgrößte Stadt des Landes, Halle. Im Krieg nur wenig zerstört, zeigt sie heute ein beeindruckend geschlossenes historisches Stadtzentrum. Nördlich daran angrenzend gehobenen Wohnviertel, wie das Pauluskirchenviertel und schöne Grünzüge zwischen verschiedenen Saalearmen. Trotzdem stapelt die Stadt tief. *In Halle werden die Dummen nicht alle*, sagt der Volksmund. Als die Stadt um 2000 langsamer vorankam als

Leipzig, führte dies zur mit Negativnachrichten gefüllten Satireseite *Hölle/Saale*. Der Schriftsteller Curt Goetz meinte scherzhaft, das schönste an Halle wäre der Hauptbahnhof, von dort könne man die Stadt nach allen Himmelsrichtungen verlassen. Der australische Lonely Planet Reiseführer meinte einmal, am Hauptbahnhof wäre die Stadt so romantisch wie ein Bergwerk. Sanierungsbedürftige Hochhäuser aus DDR-Zeiten verbreiteten dort lange wenig Atmosphäre. Doch wenn man Richtung Stadtzentrum geht, wird es bald immer besser. Im Dezember 2017 besteige ich mit Freunden die Hausmannstürme am Marktplatz und habe von dort oben einen wunderbaren Blick auf die Stadt. Wir schlussfolgern, dass Halle zu den schönsten deutschen Großstädten gehört. Danach sehen wir eine fetzige argentinische Oper im neoklassischen Opernhaus von Halle.

☞Die in Halle Geborenen werden Hallenser genannt, die Salzsieder wurden Halloren genannt und die Zugezogenen heißen hier (halb im Scherz) Hallunken.

❖ **Dessau (-Roßlau)**

Trotz Bauhauserbe würde ich Dessau selbst eher nicht zu den sehenswerten Städten Deutschlands zählen. Zu stark waren die Kriegszerstörungen, zu sehr ist die Innenstadt von DDR-Plattenbauten geprägt und zu sehr liegt diese schrumpfende Stadt ökonomisch darnieder. Andererseits hat nicht nur das Umweltbundesamt neue architektonische Akzente gesetzt. 2019 kam auch ein innenstadtnahes neues Bauhausmuseum hinzu. Aktuell steht der Abriss einer unansehnlichen Plattenbau-Berufsschule am Schlossplatz an. Hier soll ein modernes Hotel entstehen. Eine Bürgerinitiative setzte sich für einen Hotelbau mit historischen Fassaden ein. Der entsprechende Bürgerentscheid scheiterte jedoch im September 2018 knapp. Trotzdem ist auch diese Ecke bereits viel besser geworden. Vorher-Nachher Bilder

24

zeigen, dass das Schloss nach einer Sanierung viel repräsentativer geworden ist.

Im Juli 2007 kam es im Zuge einer Kreisreform in Sachsen-Anhalt zu einer Vereinigung der Städte Dessau und Roßlau zu Dessau-Roßlau. Zum Bauhausjahr 2019 gab es Überlegungen, den Namen wieder zu Dessau zu vereinfachen, was jedoch am Widerstand Roßlaus scheiterte.

Bauhausmeisterhaus in Dessau

❖ **Wernigerode** ist weniger öde

Sehr schöne und gut erhaltene altdeutsche Fachwerkstädte finden sich im und am Harz. Dazu gehört Wernigerode, *die bunte Stadt am Harz* mit ihrer Dampflok-Schmalspurbahn den Brocken hinauf und nach Quedlinburg. Mit mehreren Besuchern war ich bereits in Wernigerode und jeweils wurden angesichts der Überfülle von Fachwerkarchitektur spontan die Kameras gezückt. Das schiefergedeckte Fachwerk-Rathaus mit seinen zwei spitzen Türmchen, eingebettet in einen historischen Platz ohne moderne Bausünde,

25

begeisterte dabei besonders. In den Hügeln hoch über der Stadt zudem eine fotogene historistische Burg.

❖ Quedlinburg

Quedlinburg ist als besonders gut erhaltene mittelalterliche Fachwerkstadt sogar auf der UNESCO-Weltkulturerbeliste verzeichnet. Mein letzter Besuch im Herbst 2018 galt einer Spielstätte des Nordharzer Städtebundtheaters, welche architektonisch nicht besonders viel hermacht. Aber für mich war es doch erstaunlich, dass in so einer kleinen Stadt Opern aufgeführt werden und ein Fußmarsch durch die innere Stadt ist immer lohnend. Besonders sehenswert der Marktplatz mit dem Rathaus und der Rolandstatue davor. Mehrmals war ich auch auf dem Schlossberg, wo es neben dem Schloss noch die Stiftskirche zu sehen gibt.

Rathaus Quedlinburg

26

❖ **Stolberg (Harz)**

An einem schönen Frühlingstag im Mai 2015 war ich das erste und bisher einzige Mal in Stolberg im Harz. Die kleine Stadt zeigte sich von ihrer allerbesten Seite. Eingebettet zwischen frisch ergrünten Höhenzügen, gelagert an einem Hügel, ganz oben das Schloss, in Halbhöhe eine Kirche, unten Straßen mit perfekt sanierten Fachwerkzeilen. So geschlossen und schön sah ich das bisher selten.

❖ **Naumburg**

In die Liste der Top-100 Städte Deutschlands gehört auch Naumburg mit seinem Dom, einem kleinen nostalgisch anmutenden Straßenbahnsystem und der gut erhaltenen, architektonisch vielfältigen Altstadt. Im Naumburger Dom fällt die Figur der Uta von Ballenstedt auf. Als ich 2012 den Dom besuche kaufe ich einen entsprechenden Kühlschrankmagneten, um ihn einer Frau zu schenken. Im März 2012 fand in Naumburg das 4. Uta-Treffen statt. Frauen aus der ganzen Welt mit dem Vornamen Uta kommen dabei alle 2 Jahre in Naumburg zusammen. Das 8. Uta-Treffen im Jahr 2020 musste jedoch wegen Corona abgesagt werden.

❖ **Lutherstadt Wittenberg**

Mit der Lutherstadt Wittenberg bin ich trotz vorhandener Sehenswürdigkeiten bisher nie so richtig warm geworden. Vielleicht lag es an der zu großen Entfernung des wenig attraktiven Bahnhofs von der Altstadt, vielleicht an der fehlenden Verwinkeltheit, denn die Altstadt hat eher eine Bandstruktur. Manchen Leuten geht es auch so, dass sie das brandenburgische Wittenberge nicht so gut von Wittenberg unterscheiden können. Ich muss immer wieder selbst aufpassen, dass ich nicht Lutherstadt Wittenberge sage.

❖ **Lutherstadt Eisleben**

Als ich nach Eisleben fahre, wo Luther geboren wurde und starb, deshalb der Beiname Lutherstadt, plane ich ein Bild vom Stationsschild zu machen mit dem Zusatz SCH. Leider ergibt sich keine Gelegenheit dafür und ich füge die drei Buchstaben dem Ortsnamen nur beim Internet-Posting bei. Eigentlich ist Eisleben eine schöne kleine Stadt mit einem Lutherdenkmal vor einer beeindruckend dichten historischen Stadtlandschaft.

❖ **Tangermünde**

Auf Quermania wurde Tangermünde mit den meisten Stimmen unter die sehenswerten Städte Sachsen-Anhalts gewählt. Tangermünde hat eine schöne Lage an der Elbe und ansehnliche Backsteinarchitektur, ist jedoch eine relativ kleine Stadt, der eine gewisse urbane Quirligkeit fehlt

Andere Städte in den Top 100

❖Aschersleben

Kurz nach der Wende höre ich von einer Immobilienentwicklerin, die gerade Sachsen-Anhalt besuchte, dass sie in Oschersleben und in Aschersleben gewesen wäre, beides sehenswerte, relativ gut erhaltene Städte. Ich besuche deshalb beide Orte auf einer Tour. Oschersleben stellt sich dabei jedoch als recht klein und nur mäßig mit Sehenswürdigkeiten ausgestattet heraus. Aschersleben jedoch ist eine attraktive Kleinstadt mit sehenswertem historischem Zentrum. Es wurde bereits im Jahr 753 gegründet und ist damit die älteste Stadt Sachsen-Anhalts. Beim Besuch bleiben mir die historischen Türme der ehemaligen Stadtmauer in Erinnerung.

❖ Halberstadt

Halberstadt wurde im Krieg teilweise zerstört, teilweise tat die Vernachlässigung historischer Bausubstanz zu DDR-Zeiten ihr übriges. 1985 war ich hier schon und es war zu befürchten, dass Fachwerkreste bald der Abrissbirne zum Opfer fallen würden, nach dem Motto `Ruinen schaffen, ohne Waffen´, welches in DDR-Zeiten hinter vorgehaltener Hand kursierte. Doch die Wende kam gerade noch rechtzeitig. Neben Plattenbauten gibt es im Zentrum immer noch bedeutende Kirchen und einige Fachwerkensembles sind erhalten geblieben. Sogar eine Opernspielstätte gibt es hier und zudem das John Cage- Musikprojekt in der St. Burchardi-Kirche, welches ich mir im Jahr 2017 mit Freunden anschaue. Was noch ein bisschen fehlt, ist ein pulsierendes städtisches Leben, vor allem am riesigen, aber wenig belebten Domplatz.

❖ Bernburg

Bernburg ist eine attraktive Mittelstadt mit reizvoller Lage an der Saale und einem pittoresken, auf einem Hügel thronenden burgartigen Schloss sowie einem Neorenaissance-Rathaus. Als ich Bilder der Stadt im Internet poste meint eine Kollegin, da wolle sie unbedingt auch mal hin.

❖ Weißenfels

Als ich in Weißenfels aus dem Bahnhof komme, überrascht mich, dass ich gleich an der Saale stehe und diese auf einem Steg überqueren muss, um in die Innenstadt zu gelangen. Ich gehe erst durch die an einem Samstagnachmittag nicht so belebte Fußgängerzone zum Markt, dann zum Schloss.
In Weißenfels lebte der Schriftsteller der deutschen Frühromantik Novalis (1772-1801). Es gibt in Weißenfels nicht nur ein Novalis-Haus zu besichtigen, sondern auch ein Novalis-Grabmal im Stadtpark, welches vom Maler

Friedrich Schaper gestaltet wurde. Der deutsche Germanist und Schriftsteller Frank Fischer (`Südharzreise´) wurde ebenfalls in Weißenfels geboren.

❖ **Salzwedel**

Salzwedel ist eine ansehnliche Mittelstadt mit intakter historischer Bausubstanz. Dazu gehören nicht nur schöne Fachwerkhäuser, sondern auch repräsentative Gründerzeit-gebäude. Am Fluss Jeetze gibt es sogar Klein-Venedig Fachwerkpartien. Über die wieder hergestellte Bahnverbindung Uelzen-Stendal, Teil der sogenannten Amerikalinie Bremen-Berlin, ist Salzwedel auch passabel mit der Bahn erreichbar. In vielen Städten Sachsen-Anhalts und Brandenburgs gibt es Friedrich Jahn Denkmäler. Salzwedel toppt das, denn die Stadt kann ein Haus vorweisen, in welchem Jahn 3 Jahre lebte.

Salzwedel

❖ **Stendal**

Mein letzter Besuch in Stendal fand an einem kalten Wintertag statt. Es war zugig und die Straßen waren wie leergefegt. Mein letzter Eindruck war also nicht so gut, obwohl ich das historische Ensemble aus Marienkirche, Rathaus und Gerichtslaube vor mir hatte. Stendal ist Bahnknotenpunkt und ICE-Halt. Deshalb bin ich hier schon öfters umgestiegen Der Bahnhof bietet für ostdeutsche Mittelstadtverhältnisse sogar recht gute Verpflegungsmöglichkeiten. Beim Stadtnamen muss ich immer an das Pseudonym Stendhal des französischen Schriftstellers Marie-Henrie Beyle (1783-1842) denken, der damit angeblich seine Verehrung für den in Stendal geborenen Altertumsforscher Winckelmann zum Ausdruck bringen wollte.

❖ **Bad Lauchstädt**

Vor ein paar Jahren sammelte ich Opernspielstätten und da verschlug es mich auch nach Bad Lauchstädt, um im Goethe-Theater eine Aufführung des *Freischütz* von Webern zu sehen. Das historische Theater liegt in einem kleinen Park und wurde damals gerade renoviert. In Bad Lauchstädt gibt es ansonsten historische Kuranlagen, einen kleinen See und einen pittoresken historischen Stadtkern. Nur mit dem Zug kommt man nicht hin, der Bahnverkehr wurde wegen geringer Fahrgastzahlen 2014 eingestellt. In Voreisenbahnzeiten liefen die Besucher des Theaters bis nach Halle. Die Vorstellungen waren zeitlich so terminiert, dass Studenten den Besuch mit einem Fußmarsch von Halle und zurück an einem Tag schaffen konnten.

❖ **Osterwieck**

Auf Osterwieck wurde ich deshalb aufmerksam, weil es sich auf der Quermania-Liste der schönsten Städte Sachsen-Anhalts findet. Da Osterwieck nicht per Bahn erreichbar ist, fuhr ich im Jahr 2016 von Vienenburg mit dem Taxi hin. Osterwieck ist nach Eingemeindungen sehr flächengroß, aber die Kernstadt ist nur klein, der historische Ortskern dafür jedoch andererseits recht groß und vollständig erhalten. Ein schönes, individuelles und oft verziertes Fachwerkhaus reiht sich ans andere. An sonstigen Bauwerken blieb mir die romanische St. Stephani-Kirche in Erinnerung. Was den Einzelhandel betrifft, ist das nicht besonders zentrale Osterwieck eher spärlich mit Läden ausgestattet.

❖ **Freyburg (Unstrut)**

Freyburg an der Unstrut ist eine einwohnermäßig recht kleine Stadt, welche jedoch mit etlichen Sehenswürdigkeiten aufwarten kann. Die Marienkirche aus dem 13. Jahrhundert vereint romanische mit gotischen Elementen. Die im Krieg unzerstört gebliebene Altstadt zeigt geschlossene historische Architektur. Historisch sind auch die Gebäude der Sektkellerei Rotkäppchen. Über den Hügeln der Stadt ein Schloss und in den Hügeln Weinanbau. Ein großes Ludwig-Jahn-Denkmal gibt es auch sowie ein Jahn-Museum in einem Haus, welches Jahn 1839 als Wohnhaus erbauen ließ.

❖ **Merseburg**

Wäre Merseburg im Krieg nicht so stark zerstört worden, könnte es heute eine der schönsten Städte Sachsen-Anhalts sein. Während die Innenstadt von schlichter DDR-Wohnungsbauarchitektur geprägt ist, sind mit Dom und Schloss, dramatisch auf einem Hügel über Altstadt und

Saale gelegen, doch herausragende Sehenswürdigkeiten erhalten geblieben. Von der Saale aus wirkt die Skyline des Schlossberges intakt. Auch die Saale selbst bietet atmosphärische Partien, gesäumt von interessanter Architektur. Im Bahnhof Merseburg kann man sogar die Zaubersprüche an der Wand lesen, für die Merseburg bekannt ist.

Merseburger Dom

❖ **Zeitz** und das Zeitz-Seeing

Bei einem Besuch mit einem befreundeten Journalisten im Jahr 2013 fiel mir auf, wie sehr die Stadt noch schrumpfte, als das nahe gelegene Leipzig schon boomte, mit leerstehenden Immobilien, vor allem in der bahnhofsnahen Unterstadt, dem Brühl. Seit der Wende hat Zeitz 40% der

33

Bevölkerung verloren. Zu hoffen ist, dass Leipzigs Wachstum irgendwann auf Zeitz überschlägt. Die Stadt hat immerhin etliche Sehenswürdigkeiten, darunter ein historisches Rathaus und ein Schloss, für noch mehr Zeitz-Seeing.

❖ **Haldensleben**

Nach Gardelegen besuchte ich im Frühjahr 2021 Haldensleben. Die Innenstadt erschien mir einen Tick freundlicher, bunter und hübscher als in Gardelegen. Einen besonderen Roland gab es auch vor dem Rathaus, einen Roland zu Pferd. Eine Stadtmauer gibt es zudem, eine Kirche mit Bruchsteinfassade und immer wieder sehenswerte Fachwerkbauten, so das Kühnsche Haus. Haldensleben ein Tick attraktiver als Gardelegen.

Marktplatz von Haldensleben

❖ **Wolmirstedt**

Der erste Eindruck von Wolmirstedt ist zwiespältig. Einerseits wirkt der Stadtkern modern, gut saniert und aufgeräumt. Andererseits rücken Plattenbauten aus DDR-Zeiten recht dicht an die Fußgängerzone heran, und leider auch dicht ans historische Laubenganghaus. Herausragende Kirchenbauten fehlen zudem. Was jedoch für Wolmirstedt spricht, ist das innenstadtnahe Schloss Wolmirstedt, auf einer Anhöhe gelegen mit dem Bruchsteinbau des Palas und der Schlosskapelle. Vor dem Schloss zudem eine riesige Scheune mit Bruchsteinfassade, heute als Museum genutzt. Ebenfalls auffallend ein aus dem 18. Jahrhundert. Über die Ohre führt eine interessante Eisenbrücke. Unweit vom Fluss ein pittoreskes historisches Gässchen, das Fischerufer. Als ich, vom Schloss kommend, dort durchgelaufen bin, sind genug Sehenswürdigkeiten zusammengekommen, die Stadt in die Liste der Top-100 aufzunehmen.

Andere Orte

Burg, die Stadt mit dem nichtssagenden Namen

`Im Herbste 1840 verließ ich Berlin und ging zunächst nach Burg, einer ansehnlichen Stadt, von der trotzdem niemand nichts weiß. Oder doch nicht viel. Die Nähe Magdeburgs hat es von Anfang an in den Schatten gestellt´.
(Theodor Fontane von Zwanzig bis Dreißig).

Weil ich aus einem kleiner Weiler komme, der Burg heißt, und zudem das Fontane-Zitat gelesen habe, besuche ich die an der Bahnstrecke Magdeburg-Berlin gelegene Stadt Burg. Dieses Burg ist in der Tat ansehnlich, aber wie schon zu Fontanes Zeiten kennt es leider keiner in Deutschland.

Sangerhausen

Sangerhausen war einst eine Bergbaustadt. Bei der Ankunft fällt der kürzlich sanierte Bahnhof im DDR-Architekturstil auf. Der Bahnhofsbereich war im Krieg durch Bomben zerstört worden. Die historische Innenstadt blieb jedoch weitgehend erhalten und wirkt heute ansprechend.

Staßfurt

Staßfurt gilt als Wiege des Kalibergbaus. Das erste Kalibergwerk weltweit förderte hier einst das für Dünger benötigte Kalisalz. Durch den Kalibergbau kam es aber auch zu Bergschäden, auch in der Innenstadt, die zu großflächigen Abrissen führten. Gleichzeitig entstand durch die Bodensenkungen innenstadtnah ein See. Als ich im Jahre 2015 Staßfurt besuche, habe ich das Bild einer untergegangenen Stadt im Kopf. Das Empfangsgebäude des Bahnhofs zumindest musste bereits zu DDR-Zeiten abgerissen werden und im Bahnhofsumfeld kann man die Bergschäden erahnen. Eine Art Stadtzentrum mit historischer Architektur fand ich nördlich der Bode aber doch. Bei Staßfurt muss ich ansonsten an das DDR-Fernsehgerätewerk RFT Staßfurt denken, das den ganzen Osten Deutschlands mit Fernsehgeräten belieferte.

Genthin

In Genthin kam es am 22. Dezember 1939 zu einem der schlimmsten Eisenbahnunfälle der deutschen Geschichte als ein D-Zug auf einen anderen auffuhr und es 186 Tote gab. Als ich die Stadt besuchte, schaute ich mir auch das entsprechende Denkmal am Bahnhof an. Ansonsten gibt es in dieser recht kleinen Stadt wenig zu sehen. Nur die St. Trinitatis Kirche ragt ein wenig heraus.

Zerbst

Einst Residenz des Fürstentums Anhalt-Zerbst wurde die Innenstadt von Zerbst im Zweiten Weltkrieg sehr stark zerstört. Bis heute prägen Ruinen ehemaliger Kirchen und von Teilen des Schlosses das Stadtbild. Riesige Gebiete um Zerbst hat man der Stadt eingemeindet, so dass sie heute mit über 400 km^2 nach der Fläche die fünftgrößte Stadt

Deutschlands ist, dennoch hat Zerbst nur etwa 20 000 Einwohner. In einer Dezembernacht im Jahr 2013 laufe ich durch Zerbst und es ist so kalt, dass sich kaum Leben auf den Straßen findet, während der graffitiübermalte Bahnhof auch nicht gerade gemütlich ist.

Bitterfeld- nicht in dieser Welt

Und sehn´ wir uns nicht in dieser Welt, so sehn´ wir uns in Bitterfeld heißt es zu dieser Stadt (aber auch zu Bielefeld). Dieser Spruch findet sich sogar an der Fassade eines Innenstadtgebäudes aus DDR-Zeiten.
Bitterfeld ist für viele der Inbegriff einer kaputten DDR-Industriestadt. Dazu trägt auch der im Volksmund so genannte Silbersee im Ortsteil Wolfen-Süd bei, eine Hinterlassenschaft der ORWO-Filmfabrik aus sozialistischen Zeiten.
Zeitweise wurde im Stadtteil Thalheim auf die Photovoltaik-Industrie gesetzt, der Ort wurde zum Solar Valley und die Schriftstellerin Monika Maron (*1941) berichtete 2009 ganz optimistisch darüber (`Bitterfelder Bogen. Ein Bericht´). Doch als die Solarförderung zurückgefahren und die chinesische Konkurrenz immer stärker wird, war es bald mit dem Aufschwung zu Ende. Die Leitfirma Q-Cells wurde erst von einem koreanischen Unternehmen aufgekauft und die Produktion später ganz nach Asien verlagert. Der Strukturwandel geht also weiter. Die Kernstadt Bitterfeld selbst ist jedoch attraktiver, als viele erwarten würden. Aufgewertet wurde sie in den letzten Jahren auch durch die Flutung des ehemaligen Tagebaus Goitzsche und die Entstehung des Großen Goitzschesees. Ich fahre hier oft auf dem Weg von Berlin nach Leipzig mit dem ICE durch. Im Sommer 2020 komme ich endlich dazu, die durchaus akzeptable Innenstadt genauer zu erkunden.

Gardelegen

Das nördliche Sachsen-Anhalt ist dünn besiedelt, die Bevölkerung schrumpft. Mit der Zusammenlegung von Gemeinden fackelt man hier nicht lange. Gardelegen mit nur 22 000 Einwohnern hat mittlerweile eine Fläche von 632 km^2 und ist damit nach Berlin und Hamburg die nach Fläche drittgrößte deutsche Stadt. Als ich die Stadt im Frühjahr 2021 besuche, stoße ich auf eine recht große Innenstadt mit einer Mischung aus Fachwerk- und Backsteinhäusern. Am sehenswerten Rathaus der seltene Fall einer neuzeitlichen Rolandstatue. Und noch ein Denkmal gibt es am Rathausplatz: eine Bronzeskulptur des in Gardelegen geborenen Sängers und Komikers Otto Reuter (1870-1931). Fast hätte ich Gardelegen in die Liste der Top 100 Städte aufgenommen, doch am Samstagnachmittag waren bereits alle Geschäfte geschlossen und die Stadt unbelebt. Interessant am Bahnhof zu sehen, wie Gardelegen fest in der Hand von 1. FC Magdeburg-Fans ist. Überall Aufkleber zu diesem Fußballverein, der vor allem im nördlichen Landesteil viele Anhänger hat. In Gardelegen fallen die Aufkleber viel mehr auf als etwa in Haldensleben.

Verschiedene Orte

Aschersleben und **Oschersleben** gelten scherzhaft als A und O Sachsen-Anhalts. Oschersleben ist jedoch kleiner und weniger sehenswert als Aschersleben. Ein paar Fachwerkhäuser um eine historische Kirche, das war es fast schon in Oschersleben.
Nach der Wende und der Öffnung der Grenzen mussten viele Westberliner Journalisten erst wieder das Umland Berlins entdecken. Eine Journalistin schrieb, im Umland gäbe es ja Orte mit ganz drolligen Namen, so wie Mäuseklo. Damit meinte sie jedoch **Meuselko**, heute ein Ortsteil von Annaburg.

38

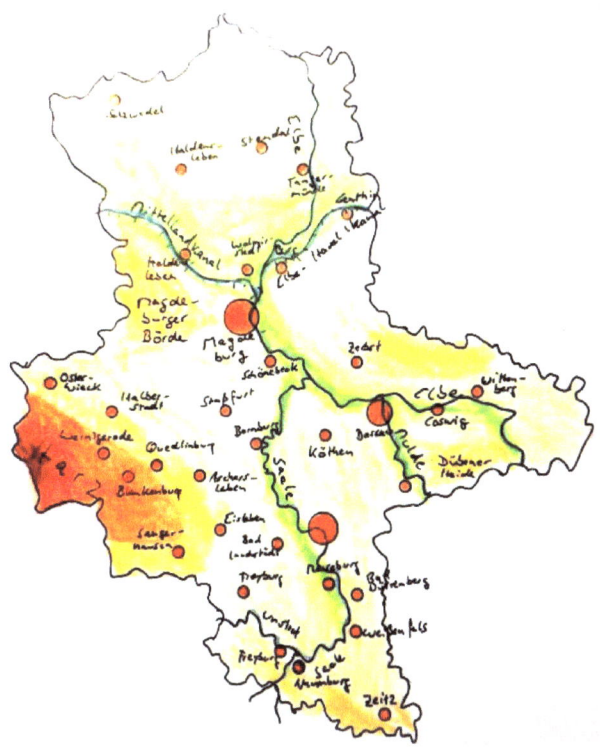

Besuchte Städte in Sachsen-Anhalt: 38 von 104

<u>Top-Städte (Top-10 Städte fett)</u>
Magdeburg, Halle, Dessau, Wernigerode, Quedlinburg, Stolberg, Naumburg, Wittenberg, Eisleben, Tangermünde, Aschersleben, Halberstadt, Bernburg, Weißenfels, Salzwedel, Stendal, Bad Lauchstädt, Osterwieck, Freyburg, Merseburg, Zeitz, Haldensleben, Wolmirstedt.

<u>Andere besuchte Orte</u>
Bad Dürrenberg, Bad Schmiedeberg, Blankenburg, Bitterfeld-Wolfen, Burg, Coswig, Gardelegen, Genthin, Köthen, Oberharz, Oschersleben, Querfurt, Schönebeck, Staßfurt, Zerbst.

4. Thüringen

Thüringen ist wahrscheinlich das Bundesland mit der höchsten Dichte an sehenswerten Städten. Thüringen war historisch kein einheitliches Territorium, sondern ein Flickenteppich von kleinen Residenzen plus die Reichsstädte Mühlhausen und Nordhausen. Die meisten Städte kamen glimpflich durch den Zweiten Weltkrieg (mit Ausnahme von Nordhausen). Das gilt auch für die Landeshauptstadt Erfurt. Städte wie Gotha, Weimar, Altenburg oder Greiz weisen deshalb ein im Verhältnis zu ihrer Größe relativ reichhaltiges architektonisches Erbe und Kulturangebot auf. So gibt es im kleinen Thüringen nicht weniger als 8 Opernspielstätten, darunter in recht kleinen Städten wie Nordhausen und Altenburg. Geschichtlich bedingt gibt es weniger eine Landesidentität, verglichen etwa mit Sachsen. Auch dialektmäßig ist der Wiedererkennungswert geringer als in Sachsen und die Landeshauptstadt Erfurt ist deutschlandweit weit weniger bekannt als Dresden. Was man mit Thüringen oft verbindet, sind Bratwürste. Ein bisschen kann das heutige Thüringen zudem die Klassiker Schiller und Goethe für sich reklamieren. Beide lebten in Weimar, hatten aber auch biographischen Bezug zu anderen thüringischen Städten wie Rudolstadt und Jena.

Am häufigsten besucht in Thüringen habe ich bisher Erfurt, mindestens 10x war ich dort, mit Umsteigen noch öfters. Etwa 5x war ich in Weimar, Altenburg, Gera und Eisenach. Zweimal und öfter war ich in Gotha, Nordhausen, Saalfeld und Rudolstadt.

Erfurt ist die thüringische Stadt, welche mich immer am meisten beeindruckt hat, gefolgt von Weimar. Gotha, Altenburg, Eisenach und Rudolstadt gefallen mir auch gut. Von den kleineren Städten fielen mir zudem Schmalkalden und Mühlhausen als sehenswert auf.

<u>Die zehn Städte, welche mich am meisten beeindruckten</u>

❖ **Erfurt**- das thüringische Rom

Erfurt zählt zu den schönsten Städten Deutschlands. In einschlägigen internationalen Listen taucht Erfurt jedoch eher selten auf, die Stadt ist einfach noch zu unbekannt. Dabei liegt sie mitten in Deutschland und durch die neue ICE Schnellfahrstrecke Berlin-München ist sie seit Dezember 2017 noch besser erreichbar. Wegen der vielen Kirchen hat Erfurt den Beinamen *Thüringisches Rom*. Man kann die Stadt auch mit Florenz vergleichen, denn es gibt hier eine mit Wohnhäusern überbaute Brücke, die sogar älter ist als die Ponte Vecchio in Florenz. Die Stadt habe ich mehrmals mit Freunden besucht und immer war die Schlussfolgerung `hier ist es aber schön´. Im Krieg wenig zerstört, ist das große historische Stadtzentrum verglichen mit westdeutschen Städten sehr gut erhalten und abwechslungsreich. Erfurt ist Sitz des Kinderkanals KiKa und deshalb findet man im Stadtzentrum auch die Figur von Bernd, dem depressiven Brot.

☞Als ich einmal Ende der 1990er Jahre im Zug Erfurt-Frankfurt sitze, steigt auch der damalige Ministerpräsident Bernhard Vogel ein. Vogel war 1976-88 Ministerpräsident von Rheinland -Pfalz und setzte damals einen Halt der ICE-Strecke Köln-Frankfurt im rheinland-pfälzischen Montabaur durch. Von 1992-2003 war er nun Ministerpräsident von Thüringen und nun setzt er durch, dass die Schnellfahrstrecke über Erfurt geführt wird, statt von Leipzig geradlinig nach Süden zu verlaufen.

❖ **Weimar**

In den 1950er Jahren gab es die politische Aussage `Bonn ist nicht Weimar´. Bonn stand dabei für die neu gegründete Bundesrepublik, Weimar für die gescheiterte Weimarer

41

Republik. Beide Städte hatten jedoch die gleiche Postleitzahl, 5300. Manche glaubten, damit wollte die DDR die Bundesrepublik ärgern. Durch das klassische Erbe, an das man nach vielen geschichtlichen Brüchen gerne anknüpft, vor allem die mit der Stadt verbundenen Nationaldichter Goethe und Schiller, ist Weimar eine der Städte, welche den Deutschen am meisten am Herzen liegt. Die Stadt hat jedoch auch dunkle Flecken ihrer Geschichte. Das hier gegründete Bauhaus musste sich wegen rechtsradikaler Strömungen schon recht früh aus der Stadt verabschieden. Dennoch wurde hier im Jahre 2019 ein Bauhausmuseum eröffnet. In der Nähe der Stadt lag zudem das KZ Buchenwald. Heute finden sich die namensähnlichen Städte Weimar und Wismar beide auf der UNESCO-Welterbeliste.

❖ **Altenburg** die Skatstadt

Als Kind war ich ein großer Quartettspielfan. Als Erwachsener hatte ich aus Nostalgie weiter Quartettspiele gesammelt. Ab den 1990 Jahren gab es Quartettspiele zu allen möglichen Themen, die sich eher an Erwachsene als an Kinder richteten. Zu meinen Jugenderinnerungen gehörten die Quartettspiele der Firma ASS, also Altenburg-Stralsunder. Altenburg ist eine Skatstadt und hier gibt es ein Spielkartenmuseum. Einmal besuche ich die Stadt wegen des Museums, ein anderes Mal, um die Spielkartenauswahl im Shop der Touristeninformation zu begutachten. In Altenburg gibt es jedoch weitere Highlights, wie das schöne Lindenau-Kunstmuseum. Obwohl es frisch renoviert ist und bedeutende Kunstschätze zeigt, bin ich an einem Samstagmorgen einmal der einzige Besucher. Ein weiteres Highlight ist das Landestheater, wo auch Opern aufgeführt werden. Als ich Fotos meines Besuches poste, kommentiert ein befreundeter pensionierter Lehrer als Schüler wäre er in den unmittelbaren Nachkriegsjahren per Dampfzug aus Meuselwitz angereist und hätte mit Mitschülern für wenige Pfennige hier Opernaufführungen gesehen.

❖ **Gera** und Otto Dix

Wie gut einem Gera gefällt, hängt auch davon ab, in welcher Richtung man den Bahnhof verlässt. Geht man nach Osten und dann Süden kommt man an DDR-Wohnbauten und mediokren Nachwendeeinkaufszentren vorbei und erreicht einen Marktplatz, der akzeptabel aber nicht besonders atmosphärisch ist. Verlässt man den Hauptbahnhof Richtung Westen, trifft man zuerst auf das im Jugendstil gehaltene Stadttheater, dann auf einen kleinen Park mit Orangerie und Kunstsammlung. Schließlich überquert man die Weiße Elster und trifft auf das Otto-Dix-Haus, das Geburtshaus des berühmten expressionistischen Malers. Auf der anderen Straßenseite führt ein Weg zum Schloss Osterstein hoch. Nach all dem kommt man zum Schluss, dass Gera doch eine sehenswerte Stadt ist.

❖ **Rudolstadt** ohne F

Rudolstadt war vor der Eröffnung der ICE-Neubaustrecke Erfurt-Bamberg IC-Halt der Strecke München-Berlin. Einmal bin ich hier aus dem IC gestiegen und war vom sehenswerten Schloss überrascht. Anfang 2019 führte mich das Ziel, alle deutschen Opernhäuser zu besuchen, wieder hierher. Leider war die historische Spielstätte seit dem Saalehochwasser und den dadurch am Gebäude verursachten Schäden geschlossen. An diesem Theater war bereits Goethe Direktor und in Rudolstadt gibt es auch ein Schillerhaus, welches ich besuche. Weil Goethe und Schiller hier aufeinandertrafen wird Rudolstadt auch *Klein-Weimar* genannt. Als ich Bilder von Rudolstadt postete meinten manche Bekannte, fehlt hier nicht ein `f´?

43

❖ **Greiz** hat Reiz

Greiz, auch `Perle des Vogtlandes´ genannt, war Residenzstadt des Fürstentums Reuß, welches bis 1918 selbstständiger Bundesstaat im Deutschen Reich war. Greiz hat eine reizvolle Topografie und eine gut erhaltene, im Krieg nicht zerstörte historische Altstadt mit einem unteren und einem oberen Schloss. Im Juni 2009 fand hier der Thüringentag unter dem Motto *Greiz hat Reiz* statt und in der Tat enthält der Stadtname das Wort Reiz. In einer Reportage zur Wendezeit berichtete ein Einheimischer über seine historisch bedeutende Stadt Greiz, die auch eine Karikatur-Hauptstadt der DDR wäre. Ich höre von der Stadt zum ersten Mal und beschließe, da irgendwann mal hinzufahren, aber erst ein Vierteljahrhundert später sollte es so weit sein. Ich besuche die Stadt im Jahr 2014, finde sie von ihrer Anmutung attraktiv, aber schlecht mit der Bahn erreichbar. Und an einem späten Samstagnachmittag mit geschlossenen Geschäften fehlte in der Innenstadt einfach das Leben.

❖ **Arnstadt**

Ich fuhr im Jahr 2015 nach Arnstadt, um das historische Stadtmodell zu besichtigen, welches in einem Gärtnerhaus des Schlosses ausgestellt ist. Als ich ankomme, ist es leider geschlossen. Immerhin gab dies die Gelegenheit, die historisch geschlossene sehenswerte Innenstadt genauer anzuschauen. Bald wird es in Arnstadt zu einem Wirtschaftsaufschwung kommen. Der chinesische Batteriehersteller CATL baut hier ein großes Werk für Autobatterien.

❖ **Meiningen** die Theaterstadt

Meiningen ist eine traditionsreiche Theaterstadt. Hier wurde das Regietheater, welches die deutsche Theaterlandschaft immer noch prägt, quasi erfunden. Als ich ein Foto des

44

Meininger Staatstheaters mit seiner repräsentativen Säulenfassade poste, meinen manche, das wäre ein Bild eines Opernhauses einer Millionenstadt. Zu Meiningen heißt es denn auch, *Meiningen hat kein Theater, Meiningen ist ein Theater*. Ein DB-Mitarbeiter meint daraufhin, das gleiche würde man bei der Bahn in Bezug auf das Eisenbahnausbesserungswerk Meiningen sagen. Denn Meiningen ist eine Mittelstadt mit nur 25 000 Einwohnern.

❖ **Gotha** und das Verzeichnis

Gotha ist international bekannt für das gleichnamige Adels-Verzeichnis. In manchen Sprachen ist der Stadtname deshalb Teil von Ausdrücken, wie zum Beispiel *faire partie du Gotha* im Französischen. Da die Stadt günstig an der Bahnlinie Leipzig-Frankfurt liegt (nur halten dort nichts so viele Züge) steige ich hier zweimal aus, um die Stadt zu besichtigen. Jedes Mal scheiterte es jedoch an Zeitknappheit und der großen Distanz zwischen Bahnhof und Innenstadt (die allerdings mithilfe einer Straßenbahn überwunden werden kann). Beim dritten Anlauf klappt es endlich und ich kann nicht nur die reizvolle Altstadt besichtigen, sondern auch das Schloss Friedenstein mit seiner sehenswerten Kunstsammlung.

❖ **Eisenach**

Eisenach, ganz im Westen von Thüringen gelegen, kann mit mehreren Attraktionen aufwarten. Wenn man mit der Bahn ankommt, durchschreitet man gleich ein sehenswertes Empfangsgebäude, in welchem es, anders als in vielen andern ostdeutschen Mittelstädten, auch noch Geschäfte gibt. Dann gibt es ein repräsentatives Landestheater im historistischen Stil, in welchem zwar kaum mehr Opern, dafür aber Ballett aufgeführt wird. In der Altstadt Häuser mit Fassaden, die Schiefer und Fachwerk kombinieren, ein interessantes Ensemble von Rathaus und Ratsapotheke und zudem das Geburtshaus des Komponisten Johann Sebastian Bach. Oberhalb der Stadt die Wartburg, wo Luther die Bibel übersetzte, und seit 1999 UNESCO-Welterbestätte.

Weitere Städte unter den Top 100

❖ **Jena** und das Cleverle

Nach Jena verschlägt es mich schon kurz nach der Wende. Ich komme aus Baden-Württemberg und `mein´ Minister-präsident Späth muss wegen der `Traumschiff-Affäre´ im Januar 1991 abtreten und wird im Juni 1991 Geschäfts-führer der Jenoptik GmbH in Jena. Dort hatte er bald schon Einfluss auf das Stadtbild, er ließ relativ zügig alte inner-städtische Produktionsstätten abreißen und durch Neubau-ten ersetzen. Durch entsprechende Presseberichte werde ich auf die Stadt aufmerksam. Jena habe ich seither öfters besucht, früher lag es verkehrsgünstig an der IC-Linie Berlin-München. Richtig warm geworden bin ich aber mit dieser Technologiestadt bisher nicht. Der Aha-Effekt und das gewisse Etwas, zum Beispiel eine dichte, verwinkelte Altstadt, fehlten mir bisher und ich habe sie noch nicht in die Liste der 100 Top Städte Deutschlands aufgenommen.

❖ **Mühlhausen**

Ich war erst ein einziges Mal in Mühlhausen, im Jahr 2009, und es fiel mir auf, wie groß und gut erhalten der historische Stadtkern ist. Mühlhausen ist neben Nordhausen die einzige ehemalige Reichsstadt in Thüringen und im Mittelalter war es nach Erfurt die wichtigste Stadt im Thüringer Raum. Das zeigt sich auch an der gotischen Marienkirche, die zweitgrößte Kirche Thüringens. Hier predigte der Reformator Thomas Müntzer und Mühlhausen spielte auch eine wichtige Rolle im Bauernkrieg von 1525. Heute liegt Mühlhausen geographisch in der Mitte

Deutschlands, doch da es nicht auf der zentralen Thüringer Entwicklungsachse Eisenach-Erfurt-Jena liegt, schrumpft es eher. Angesichts des reichen Kulturerbes ist es auf jeden Fall eine Stadt, welche mehr Touristen vertragen könnte.

❖ **Schmalkalden**

Schmalkalden ist eine etwas abgelegene, aber sehr photogene Fachwerkstadt im Thüringer Wald. Besonders pittoresk der Altmarkt mit den bunten Fachwerkhäusern, dem Rathaus und der Stadtkirche St. Georg. Schmalkalden hatte eine wichtige Rolle in der Geschichte des deutschen Protestantismus inne. 1531 schlossen die protestantischen Reichsstände in der Stadt den Schmalkaldischen Bund. Es gibt ein Lutherhaus, wo Martin Luther 1537 bei der Tagung des Schmalkaldischen Bundes wohnte.

❖ **Treffurt**

Treffurt ist ein winziges Fachwerkstädtchen an der Werra, unweit der hessischen Grenze. Hier fährt nicht einmal ein Zug hin. Ich lasse mich deshalb von Eschwege mit dem Taxi nach Treffurt bringen und kann dabei noch die kleine hessische Werrastadt Wanfried mitnehmen. Treffurt muss eine rührige Stadtverwaltung haben, die fleißig bei Quermania votiert, um diesem kleinen Ort dort einen hohen Rang der beliebtesten Städte Thüringens zu verschaffen.

❖ **Heilbad Heiligenstadt**

Im Namen dieser Stadt kommt gleich zweimal Heil vor. Man kommt hier in einem historischen innenstadtnahen Bahnhof an und ist schnell von den optischen Reizen der bunten historischen Stadt eingenommen, die etliche Fach-werkhäuser und historische Kirchen vorzuweisen hat. Der beutende Bildschnitzer Tilman Riemenschneider (160-1531) wurde in Heiligenstadt geboren.

47

❖Bad Liebenstein

Bad Liebenstein ist eine eher unauffällige kleine Kurstadt mit teilweise recht repräsentativen alten Hotels und Villen. Was mir vor allem im Gedächtnis blieb, ist das historistische Postgebäude im fränkisch-hennebergischen Fachwerkstil. Auf dem Weg zum Bahnhof fiel dann noch ein Stadtpark mit kleinem See auf.

Postgebäude in Bad Liebenstein

❖ Neustadt and der Orla

Eine überraschend hübsche und sehenswerte Kleinstadt ist mein Fazit nach einem Besuch der vorher für mich unbekannten Stadt. Nicht nur das spätgotische Rathaus beeindruckt, es gibt zudem einen Kirchvorplatz mit schönen Fachwerkhäusern und Resten der Stadtmauer und eine mittelalterliche Ladenstraße der Fleischer (Fleischbänke), das erste Mal, dass ich sowas sah, und sehenswerte Kirchen.

Neustadt/Orla Marktplatz

48

❖ **Apolda**

Bei einem kurzen Besuch in Apolda fiel mir das schöne historische Neorenaissance-Sandsteinempfangsgebäude des Bahnhofs auf. Die Innenstadt ist in ihrem historischen Bild weitgehend erhalten. Auffallend das Renaissance-Rathaus mit seinem Türmchen. Das Stadtbild ist ansonsten von Gründerzeit-Architektur geprägt. Gebäude aus dem Mittelalter gibt es kaum. Apolda hat den Beinamen Glockenstadt, das Gießen von Glocken hat hier Tradition und es gibt auch ein Glockenmuseum, welches ich jedoch, da ich abends in der Stadt war, nicht besuchen konnte.

❖ **Sömmerda**

In Sömmerda stieg ich im Jahre 2015 auf der Fahrt nach Weißensee nur kurz aus dem Taxi aus. Von der schönen, im Zweiten Weltkrieg nicht zerstörten Altstadt konnte ich leider nicht viel sehen. Lange war Sömmerda eine wichtige Industriestadt. Hier wurde von Johan Nicolaus Dreyse das Zündnadelgewehr erfunden und in einer Fabrik produziert. In DDR-Zeiten war hier das Kombinat Robotron angesiedelt. Nach der Wende war Sömmerda mit dem Fujitsu-Werk der zeitweise größte Computerproduktionsstandort der EU. Auch das ist mittlerweile Geschichte.

❖ **Weißensee**

Mit etwas über 3600 Einwohnern ist Weißensee eine Stadt, die es so im Osten am ehesten noch in Thüringen gibt, wo weniger fusioniert wurde als in den anderen neuen Ländern. Weißensee hat eine kleine historische Altstadt mit sehenswertem Rathaus und der Runneburg. Ansonsten weist mich der Taxifahrer darauf hin, dass hier bereits im Jahre 1434 ein Weißenseer Reinheitsgebot für Bier (das nur aus Hopfen, Malz und Wasser bestehen durfte) verfasst wurde. Dieses ist damit älter als das bayerische Reinheitsgebot aus dem Jahre 1516. Ich meinte, Thüringen und Bayern (bzw. Franken) würden sich eh schon darum streiten, wer die beste Bratwurst hätte und nun also auch um das älteste Reinheitsgebot.

❖ Bad Salzungen

In der Kurstadt Bad Salzungen fällt vor allem das ehemalige Gradierwerk und heutige Kurhaus mit seiner Fachwerkfassade auf. Zudem macht ein innenstadtnaher See die Stadt attraktiv. Die Altstadt selbst ist eher unauffällig. Reist man per Bahn wieder ab, erscheint einem der Bahnhof als fast überdimensioniert.

Kurhaus Bad Salzungen

❖ Saalfeld

Nach dem Besuch Saalfelds blieb mir vor allem das Renaissance-Rathaus mit seiner schwarz-weißen Fassade und seinem Mittelrisaliten in Erinnerung. Das zweite, was mir in Erinnerung blieb, ist die große Zahl von Stadttoren. Saalfeld hat eher wenige Fachwerkhäuser, aber dafür eine interessante Mischung von roten Ziegeldächern und schwarzen Schieferdächern.

❖ **Ilmenau** die Goethestadt

Im März 2022 besuche ich Ilmenau und finde eine solide, lebendige Stadt in recht gutem Sanierungszustand vor. Die Fußgängerzone ohne viel Leerstand. An einer Fassade eines historischen Hauses in der Innenstadt ist in großen Lettern Buchhandlung Grimm zu lesen. Leider ist da jetzt ein Schuhgeschäft drin. Die Tatsache, dass Ilmenau eine Unistadt mit 5000 Studenten gibt, hat wahrscheinlich dazu beigetragen, dass es hier so eine repräsentative Buchhandlung überhaupt gab. Ansonsten fehlt es Ilmenau eigentlich an herausragender Architektur. Die Putzfassaden sind unscheinbar, Fachwerkhäuser gibt es keine, auch fehlen beeindruckende Kirchen oder Schlösser. Goethe hielt sich als Bergwerksdirektor und in anderen Funktionen sehr oft in Ilmenau auf, deshalb Goethestadt als Beinamen Ilmenaus. Und auf Goethe trifft man häufig in der Stadt. Ein sitzender Bronzegoethe auf einer Bank am Markt, eine Goethestadtmuseum, ein Haus, in welchem Goethe lebte, ein Goethewanderweg etc. Am Bahnhofsplatz sogar eine Miniaturausgabe der Waldhütte auf dem Kickelhahn, in deren Holzwand Goethe einst sein Gedicht `Über allen Gipfeln ist Ruh´ eingeritzt hat. Zuerst war ich wegen fehlender Architekturhöhepunkte unsicher, aber als ich das sehe, beschließe ich, Ilmenau in die Top-100 Liste aufzunehmen.

Nachbau der Kickelhahn-Hütte

51

Suhl

Suhl war der kleinste Bezirk in der DDR, weit ab vom Schuss, hinter dem Thüringer Wald gelegen. Er wurde spaßeshalber auch *Autonome Bergrepublik* genannt. In der Bezirkshauptstadt Suhl gab es eine Besonderheit: ein japanisches Restaurant. Der Koch Rolf Anschütz hatte sich hier trotz aller Widrigkeiten und Versorgungsengpässe des DDR-Alltags einen Traum erfüllt. Das kam zunächst bei japanischen Mitarbeitern der Universität Jena, später bei immer mehr Einheimischen gut an. 2011 wurde ein Spielfilm über die Geschichte des Restaurants gedreht, der 2012 unter dem Titel *Sushi in Suhl* in die Kinos kam. Suhl überstand den Krieg ohne größere Schäden. Zu DDR-Zeiten wurden jedoch große Teile des historischen Stadtkerns abgebrochen und sozialistisch umgestaltet. Als ich es die Stadt besuche, erwarte ich eine unattraktive, nur von Plattenbauten geprägte Stadt. Doch immerhin finde ich historische Straßenzüge vor und ein riesiges Fachwerk-Malzhaus, in welchem sich ein Waffenmuseum befindet, das auf die Tradition der Schusswaffenherstellung in der Stadt hinweist.

Ummerstadt

Ummerstadt ist mit etwa 460 Einwohnern die kleinste Stadt Thüringens und die zweitkleinste Stadt Deutschlands. Man wundert sich, dass sie den Status einer Stadt hat und dass es in Ostdeutschland, wo viele Gemeinden zusammengelegt wurden, noch solche kleinen Städte gibt. Aber Thüringen ist scheinbar nicht so rigoros im Fusionieren wie etwa Sachsen-Anhalt. Da Ummerstadt keinen Bahnhof hat, ließ ich mich einmal von Coburg mit dem Taxi hierherbringen. Nette kleine Fachwerkstadt, vor allem das Rathaus und der zugehörige Platz. Läden und Gaststätten gibt es hier jedoch fast keine. Und damit wenig los in Ummerstadt.

Bad Frankenhausen und das Elefantenklo
1985, noch zu DDR-Zeiten, war ich einmal, vom Kyffhäuser kommend, in Bad Frankenhausen. Damals gab es die heute größte Sehenswürdigkeit der Stadt noch gar nicht: das 1987 fertig gemalte Bauernkriegspanorama, im sogenannten *Elefantenklo* ausgestellt, welches erst ganz zum Schluss der DDR-Zeit eröffnet wurde. Der sehr schiefe Kirchturm Bad Frankenhausens fiel jedoch damals schon auf.

Wasungen - die Karnevalstadt
Um das Jahr 2005 erlebte ich den Karneval im belgischen Binche. Dort werden Orangen ins Publikum geschmissen und die Parade der Gilles war so beindruckend, dass ich beschloss. mir Paraden in weiteren Karnevalsstädten anzuschauen. So kam ich auf Wasungen, was bahnmäßig erreichbar ist, dennoch ist es eine halbe Weltreise in diesen abgelegenen Winkel Thüringens. Der Karnevalsumzug in Wasungen war dann lange nicht so spektakulär wie der in Binche. Wasungen ist immerhin eine recht hübsche kleine Fachwerkstadt. Ich lief den Hügel zu einer Art Burg hoch und schaute von oben auf die Stadt herab.

Nordhausen
Die Industriestadt Nordhausen wurde im Zweiten Weltkrieg stark zerstört. In der Nähe der Stadt befand sich das Rüstungszentrum Mittelwerk Dora, ein Konzentrationslager sowie ein Strafgefangenenlager, dessen Insassen an der Waffenproduktion mitwirken mussten. Die Innenstadt ist aufgrund der Zerstörungen von DDR-Wohnungsbau geprägt. In der Domstraße gibt es jedoch ein Haus aus dem

14. Jahrhundert, welches zu den ältesten Wohngebäuden Thüringens zählt. Nordhausen hat ein Theater mit Opernaufführungen, was mich im Jahr 2018 in die Stadt führte. Immerhin ein neoklassischer Bau mit Säulenfassade. Auf dem Rückweg zum Bahnhof kam ich noch am historischen Rathaus vorbei, wo eine auffällig bemalte Rolandstatue zu sehen ist. Der historische Bahnhof ist ebenfalls sehenswert und hat sogar Straßenbahnanschluss.

Stadtilm

Die kleine Landstadt Stadtilm überrascht durch das 1893 erbaute Ilmviadukt, zu seiner Zeit eine der größten deutschen Eisenbahnbrücken, und andere Besonderheiten. Dazu der größte Marktplatz Thüringens und das auffallende historische Rathaus der Stadt. Es findet sich in einem ehemaligen Zisterzienserkloster, welches infolge der Reformation aufgelöst wurde und dann lange als Schloss diente und erst 1920 zu einem Rathaus umgebaut wurde. Hinter dem Rathaus ein ehemaliges Speichergebäude des Klosters, früher größter Zinsboden Thüringens genannt und, wie die teilweise noch vorhandene Stadtmauer, eines der `sieben Wunder´ Stadtilms. Auch die gotische Stadtkirche aus dem 12. Jahrhundert ist sehenswert.

Zella-Mehlis

Vom Bahnhof Zella-Mehlis ließ ich mich mal mit dem Taxi bis zum Großen Beerberg fahren, da damals mein Ziel war, die höchsten Punkte aller Bundesländer zu besteigen und dies der höchste Punkt Thüringens war. Der Große Beerberg war nicht weit von der Straße, wo das Taxi hielt. Der Gipfel war jedoch eingezäunt, so dass das Ziel eigentlich nicht ganz zu erreichen war. Ich zählte diesen Punkt großzügigerweise dennoch mit. Auf dem Weg dahin kam das Taxi durch den Ortsteil Zella und man sah zumindest ein bisschen was vom kleinen Ortskern und seiner topographisch schönen Lage.

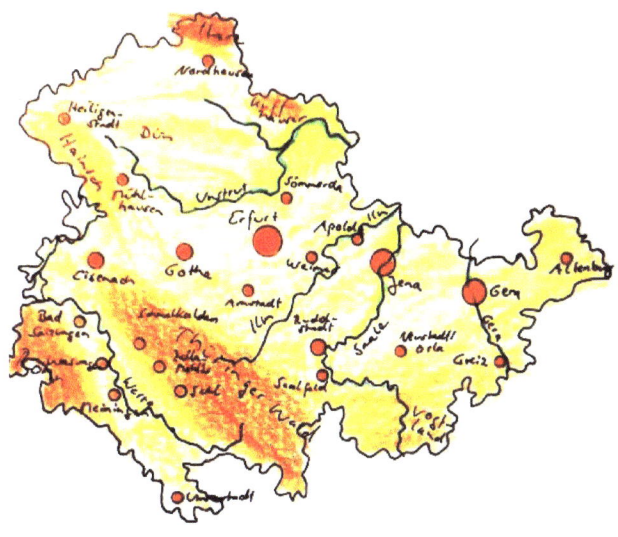

In Thüringen besuchte Städte: 37 von 118

Top-Städte (Top 10 fett)

Erfurt, Weimar, Altenburg, Gera, Rudolstadt, Greiz, Arnstadt, Meiningen, Gotha, Eisenach, Jena, Mühlhausen, Schmalkalden, Treffurt, Bad Liebenstein, Neustadt/Orla, Apolda, Bad Salzungen, Ilemnau, Sömmerda, Saalfeld, Weißensee, Suhl

Andere besuchte Orte

Bad Blankenburg, Bad Köstritz, Bad Frankenhausen, Gößnitz, Kölleda, Plaue, Nordhausen, Stadtilm, Triptis, Wasungen, Zella-Mehlis.

5. Sachsen

Sachsen hat nur vier Millionen Einwohner, aber gleich zwei der bedeutendsten deutschen Städte: Leipzig und Dresden. Während Dresden tragischerweise trotz fehlender militärischer Bedeutung noch ganz am Ende des Krieges zerstört wurde, kam Leipzig glimpflicher davon. Abgesehen von Plauen wurden von den Mittelstädten nur wenige bombardiert. Anders als im Flickenteppich Thüringen gab es in Sachsen aber nicht diese Vielzahl an kleinen Residenzen. Eine Eigenheit vieler sächsischer Kleinstädte sind zudem die kursächsischen Postmeilensäulen, die in etlichen Städten zu sehen sind. Weil Sachsen in der industriellen Revolution führend war, gibt es hier ein reichhaltiges industrielles Kulturerbe. Viele sächsische Städte haben deshalb auch prächtige Gründerzeitviertel. Das Eisenbahnnetz war einst sehr dicht und in Sachsen gibt es auch viele schöne historische Bahnhöfe. Die erste sächsische Stadt, welche ich in meinem Leben besichtige, war Leipzig, und das bereits zu DDR-Zeiten, im Jahr 1985. Es ist auch die sächsische Stadt, welche ich bisher am häufigsten besucht habe, sicher schon mehr als 25x. Dresden habe ich bereits etwa 10x besucht, Chemnitz, Plauen, Zwickau mindestens 5x, Freiberg und Radebeul 3x. Am besten gefällt es mir in Leipzig, allein schon die Ankunft im Hauptbahnhof ist toll.

Besuchte Städte nach ehemaligem Bezirk

Bezirk	Städte	besucht	%	beschrieben
Dresden	59	24	41	18
Leipzig	30	14	47	14
Chemnitz	79	16	20	13
Sachsen	168	54	32	45

56

4.1 Ehemaliger Regierungsbezirk Dresden

Im ehemaligen Regierungsbezirk Dresden liegen viele der Top-Städte Sachsens darunter Dresen, Meißen, Pirna, Bautzen und Görlitz. Der Osten des Bezirks ist schon ein bisschen Schlesien, Görlitz hat einst dazu gehört. Im Nordosten, in der Lausitz, leben Sorben und Städtenamen sind hier oft zweisprachig. Neben schönen Städten gibt es hier auch sehenswerte Landschaften, so das Elbsandsteingebirge mit der Bastei, das östliche Erzgebirge, das Lausitzer Gebirge und die Lausitzer Seenplatte.

Die zehn Städte, welche mich am meisten beeindruckten

❖ **Dresden**

Dresden ist eine Stadt, die einen kaum kalt lässt. Kommt man hier am Hauptbahnhof an und geht dann durch die Prager Straße Richtung Altstadt, kommt man an riesigen DDR-Wohnbauten vorbei, die auch wieder ihren Reiz haben, neuen Einkaufszentren, einem Kulturpalast, bis man sich schließlich in der winzigen Altstadt findet. Dort sind alle historisch wichtigen Gebäude wiederaufgebaut worden. In den letzten Jahren kamen am Neumarkt etliche Rekonstruktionen auf alten Grundrissen hinzu, was allerdings einen leicht künstlichen, Disneyland-Eindruck ergibt. Grandios sind jedoch Zwinger, Semperoper, Stadtschloss und die wiederaufgebaute Frauenkirche. Kommt man am Neustädter Bahnhof an und geht zur Elbe, bietet sich einem ein fast perfektes Dresden-Panorama. In der Äußeren Neustadt dann erstaunlich gut erhaltene Straßenzüge mit Kreuzberg-Bohème-Flair, aber weniger Hype und weniger Touristen. In den Außenbezirken wie Striesen und Weißer Hirsch dann repräsentative historische Villengebäude in schöner Lage unweit der Elbe. Nach Dresden fahre ich immer wieder gerne. Vor ein paar Jahren sammelte ich Kunstmuseen und hatte hier gut zu tun mit den Museen im Schloss und im Zwinger. Später sammelte ich Opernhäuser und in Dresden und Umgebung (Radebeul) gibt es gleich drei davon. Was sich in den letzten Jahren etwas abgeschliffen hat, ist der sächsische Dialekt. Der Stadtname wurde zu Zeiten, als der Raum Dresden, wo man das Westfernsehen nicht empfangen konnte, *Tal der Ahnungslosen* genannt wurde, breit Drähsden ausgesprochen. Zur Stadt fällt mir auch der Spruch ein, der so etwa lautet, *Dresd'n sorum oder dresd'n sorum, es leipzisch alles gleich*, und den ich mal irgendwo gelesen hatte.

❖ **Meißen**

Die Porzellanstadt Meißen gehört zu den schönsten deutschen Mittelstädten. Vom Bahnhof kommend spiegelt sich in der Elbe eine dramatische Stadtsilhouette mit Albrechtsburg und Dom auf einem steil über die Altstadt ragenden Hügel. Mittlerweile zeigt der durchsanierte Stadtkern ein beeindruckend gut erhaltenes architektonisches Erbe.

❖ **Bautzen**

Bautzen bietet mit seiner Topografie und der gut erhaltene mittelalterlichen Stadtsilhouette schöne Postkartenmotive. Zu DDR-Zeiten galt Bautzen jedoch als Schreckensort. Denn hier gab es eine riesige Haftanstalt, in welchem vor allem Regimegegner eingekerkert wurden, wegen der Gebäudefarbe *Gelbes Elend genannt*. Der in Rostock geborene Schriftsteller Walter Kempowski (1929-2007) saß hier von 1948 bis 1956 ein, bevor er nach Westen ausreisen konnte. Heute denkt man bei Bautzen auch an die hier gegründete Band Silbermond, mit der Leadsängerin Stefanie Kloß, die bei Voice Kids als Coach mitwirkt.

❖ **Pirna**

Der venezianische Maler Bernardo Bellotto, auch Canaletto genannt, hat nicht nur Dresden verewigt (Canaletto-Blick), sondern zwischen 1753-1755 auch elf Bilder von Pirna gemalt. Pirna ist im Krieg nicht zerstört worden und so kann man heute noch vom Marktplatz auf das Schloss schauen und die gleichen Gebäude sehen, wie zu Canalettos Zeiten. Leider schätzen das die Touristen zu wenig. Ich sammle Kühlschrankmagnete der schönsten deutschen Städte und am Bahnhof von Bautzen finde ich im Herbst 2015 keinen entsprechenden Magneten und die Läden in der Stadt sind am Samstagnachmittag schon zu.
☞ Im sächsischen Dialekt wird aus Pirna *Birne*.

❖ **Görlitz**

Görlitz, die östlichste Stadt Deutschlands, sieht sich schon Schlesien zugehörig. Die im Krieg nicht zerstörte Altstadt ist so gut erhalten und mittlerweile durchsaniert, dass hier viele historische Filme gedreht werden. Deshalb hat die Stadt den Spitznamen *Görliwood*. 21 Jahre lang, von 1995-2016 hatte ein anonymer Spender der Stadt jedes Jahr 1 Million DM (0.511 Millionen Euro) gespendet, um die Altstadtsanierung zu unterstützen. Von der Innenstadt kommt man über eine kleine Neißebrücke ins polnische Zgorzelec. Früher auch Teil der Altstadt, entstanden hier nach dem Krieg hauptsächlich Plattenbauten. Lange bestand der Gegensatz einer mittelalterlichen Altstadt links der Neiße und einer unansehnlichen sozialistischen Vorstadt rechts der Neiße. Mittlerweile sind jedoch auf polnischer Seite etliche Altstadtstrukturen wiederaufgebaut worden und man findet ein vermeintlich historisches Stadtbild auf beiden Seiten des Flusses. Bei meinem vorletzten Besuch überrascht mich ein Denkmal in Zgorzelec welches daran erinnert, dass hier kurz nach dem 2. Weltkrieg viele

Griechen lebten. Griechenland befand sich im Bürgerkrieg und Polen nahm viele Flüchtlinge auf. Weil die Polen dem Frieden nicht trauten und zögerten in einen ehemaligen deutschen Ort so nahe an der Grenze zu ziehen, wurden hier die griechischen Flüchtlinge angesiedelt.

❖ **Zittau**

Zittau liegt nicht nur in Deutschland, sondern auch in Sachsen ganz am Rande. Hier sind es nur wenige km sowohl zur polnischen als auch zur tschechischen Grenze. Wie Görlitz wurde Zittau im Krieg nicht zerstört und hat eine große, gut erhaltene Altstadt. Was hier jedoch fehlt, ist Leben. Nach 14:00 sind hier am Samstag praktisch alle Geschäfte geschlossen. Von A bis Z, von Aachen bis Zittau ist ein Ausdruck, der die West-Ostausdehnung des Landes beschreibt. Vom äußersten Westen Deutschlands bis zum äußersten Osten sind es etwa 750 km.

❖ **Radebeul**

Radebeul machte bereits in den 1990er Jahren Schlagzeilen als erste ostdeutsche Stadt mit einem Rolls-Royce Händler. Tatsächlich ist Radebeul ein Dresdner Vorort, der mit seine Elbhängen gehobene, teure Wohnlagen bietet. Das Karl-May-Museum in der ehemaligen Villa des populären Schriftstellers war ein weiterer Grund, schon in den 1990er Jahren hierher zu kommen. Als ich in den letzten Jahren Opernhäuser sammelte, verschlug es mich wieder nach Radebeul, denn hier gibt es sogar eine Opernspielstätte.

❖ **Löbau**

Löbau ist eine kleine, in ihrer historischen Anmutung gut erhaltene Mittelstadt. Besonders das Rathaus fiel mir auf, im Wesentlichen im barocken Stil aber mit Elementen des

Vorgängerbaus, so einen bruchsteinsichtigen Turm aus dem 15. Jahrhundert, der von einer minarettartigen Spitze gekrönt wird. Erst nach meinem Besuch wurde ich gewahr, dass Löbau mit dem Haus Schmincke, erbaut 1930-33 durch Hans Scharoun, ein wichtiges Bauwerk der Moderne besitzt.

❖ **Bad Muskau**

Bad Muskau ist eine winzige Stadt an der Oder. Der Grund, weshalb ich im Jahr 2013 mit dem Fahrrad von Weißwasser hierher radelte, war der Fürst-Pückler-Park, der auf der UNESCO-Liste des Weltkulturerbes verzeichnet ist, mit dem Alten Schloss und dem bis 2011 wieder aufgebauten Neuen Schloss mit seinem beeindruckenden, fein ziselierten Neorenaissance-Stil. Park, Altes und Neues Schloss, das ist im Spätfrühjahr sehr beeindruckend. Von Bad Muskau kann man über die Oder ins polnische Leknica radeln und trifft dort gleich auf eine Budenansammlung, einen Polenmarkt, der damals bereits fast aus der Zeit gefallen wirkte.

❖ **Bad Schandau**

Bad Schandau ist Grenzbahnhof zu Tschechien und eine relativ kleine Elbstadt, allerdings mit repräsentativen Gründerzeit-Hotelbauten. Hier gibt es sogar eine straßenbahnartige Lokalbahn, die Kirnitzschtalbahn und einen freistehenden Personenaufzug, dessen Benutzung ich mir schon lange Mal vorgenommen habe.

❖ **Kamenz- die Lessingstadt**

In Kamenz wurde Gotthold Ephraim Lessing geboren (1729-1781), deshalb nennt sich Kamenz *Lessingstadt*. Ein befreundeter Journalist, der für das Kulturressort zuständig ist, hatte deshalb immer wieder Pläne, mit mir dorthin zu fahren. In Kamenz sitzt auch das Statistische Landesamt Sachsens. Das weiß ich, weil ich einmal eine Kollegin hatte, die dort angestellt war. Der Name der Stadt zeigt auch ihren slawischen Ursprung, Kamenz heißt in slawischen Sprachen, zu denen auch das Sorbische gehört, so viel wie kleiner Stein. Auffälligstes Gebäude der Stadt ist das Rathaus.

Rathaus von Kamenz

❖ **Hoyerswerda**

HoyWoy
Dir sind wir treu
Du blasse Blume auf Sand
Heiß, laut
Staubig und verbaut
Du schönste Stadt hier im Land.

(Gerhard Gundermann, 1955-1998)

Die Braukohletagebaustadt Hoyerswerda ist die Stadt in Ostdeutschland, die nach der Wende wohl am stärksten geschrumpft ist. Zu DDR-Zeiten von 7000 Einwohnern auf 70 000 gewachsen, schrumpfte die Bevölkerung in der Nachwendezeit auf 32 000 und damit weniger als die Hälfte. Legt man die alten Gemeindegrenzen zugrunde beträgt der Rückgang sogar 60%. Auch das Lob durch den Braunkohlebaggerführer und Liedermacher Gerhard Gundermann (´du schönste Stadt hier im Land´) hat wohl nichts bewirkt. Im Januar 2022 besuche ich die großflächige Stadt, die bereits etliche Plattenbauten durch Abriss verloren hat und finde ein kleines historisches Zentrum vor, welches jedoch nur wenig durch Geschäfte und Passanten belebt ist.

Andere Orte

Weißwasser-Bela Woda

Weißwasser in der Lausitz bietet mit seinem Namen einen Mini-Sprachkurs, denn auf Sorbisch heiß die Stadt Bela Woda. Somit weiß man, was weiß und was Wasser auf Sorbisch und gleichzeitig in vielen slawischen Sprachen heißt. Auch den Wodka, das Wässerchen, kann man aus diesem Namen ableiten. Von Weißwasser, wo es wenig zu sehen gibt, bin ich einmal mit einem Bekannten nach Bad Muskau geradelt.

Riesa und der schiefe Turm

In der für Touristen wenig attraktiven Stahlstadt Riesa gab es mal das Projekt einen *Schiefen Turm von Riesa* zu bauen. Lange vor dem Versuch, eine Verbindung zu Pisa zu schaffen, schuf man eine Sage, die eine Verbindung des Namens mit einem Riesen herstellte.

Einst kam ein Riese nach langer Wanderschaft an das Ufer der Elbe. Bevor er den Fluss überquerte, machte er eine Rast. Im Stiefel drückten die angesammelten Sandkörnchen und Steine. So setzte er sich ans Ufer, zog die Stiefel aus und drehte sie um. Aus dem, was herausfiel entstand ein großer Hügel, auf dem später die ersten Häuser der Stadt erbaut wurden. Als ich einmal in Riesa ankomme, um in einen Zug nach Dresden umzusteigen und längere Wartezeit habe, gehe ich eine Stiege gegenüber vom Bahnhof hoch, um auf den Bahnhof herunterzuschauen. Dort muss der Riese wohl seine Sandkörner ausgeschüttet haben.

Coswig

Coswig ist wie Radebeul ein weiterer Elbvorort Dresdens. Das Wappen der Stadt zeigt, dass es hier eine Tradition des Weinanbaus gibt. Besonders städtisch wirkt Coswig nicht, erst in den 1930er Jahren wurde das Dorf zur Stadt erklärt. Ich besuche eine alte dörflich wirkende Kirche im Ortszentrum, dem es etwas an urbaner Dichte fehlt.

Königstein

Königstein ist eine winzige (2000 Einwohner) Stadt an der Elbe mit historischem Ortskern. Hauptsehenswürdigkeit ist die riesige Festung Königstein, wo ich einmal in einer Jugendherberge übernachte. Von den historischen Gemäuern hoch über der Stadt hat man einen beeindruckenden Blick auf das Elbtal.

Rathen

Rathen ist mit nur 350 Einwohnern keine Stadt, aber ein wichtiger Kurort und Ausgangspunkt für Wanderungen in die Bastei. Der linkselbische Ortsteil Oberrathen hat Bahnanschluss, den rechtselbischen Ortsteil Niederrathen erreicht man per Fähre. Der dortige Ortskern zieht sich mit einzelnen Fachwerkhäusern idyllisch den Amselgrundbach entlang. Dieser tritt allerdings gelegentlich über die Ufer. Von Niederrathen geht es zu Fuß zu den bizarren Felsformationen der Bastei hoch. Der Blick auf das Elbtal ist von oben spektakulär.

Radeberg

Im Osten von Dresden liegt die Mittelstadt Radeberg, die vor allem für ihre Brauerei bekannt ist. Auf dem Weg vom Bahnhof in die Stadt kommt man denn auch an der Radeberger Exportbierbrauerei vorbei. Im Jahr 1714 brannte nach einem Blitzschlag fast die ganze Stadt ab. Deshalb sind im Ortskern keine mittelalterlichen Gebäude zu finden. Das Rathaus am Markt ist im Rokoko-Stil gehalten, die übrigen Gebäude zeichnen sich durch einfache historische Putzfassaden aus. Wie oft in Sachsen, ist auch hier auf dem Markt eine Postmeilensäule zu finden.

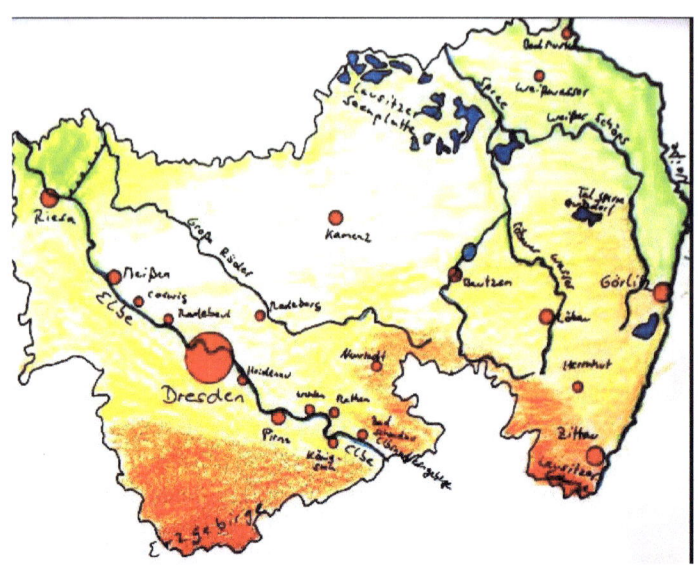

Besuchte Städte im ehem. Bezirk Dresden: 21 von 59

Top-Städte (Top 10 fett): Dresden, Meißen, Bautzen, Pirna, Görlitz, Zittau, Radebeul, Löbau, Bad Muskau, Bad Schandau, Kamenz, Hoyerswerda.

Andere besuchte Orte: Coswig, Heidenau, Königstein, Lauta, Neustadt, Radeberg, Rathen, Riesa, Wehlen, Sebnitz, Weißwasser.

4.2 Ehemaliger Regierungsbezirk Leipzig

Der ehemalige Regierungsbezirk Leipzig ist weitgehend flach und kann deshalb keine so interessante Topografie wie die anderen beiden Bezirke vorweisen. Allerdings ist er in den letzten Jahrzehnten durch die Flutung von Braunkohletagebauen immer seenreicher geworden. Die Region Leipzig ist ärmer an sehenswerten Städten als die beiden anderen Regionen. Leipzig dominiert stark und daneben gibt es nur kleinere Städte, von denen einzelne jedoch recht hübsch sind, darunter Torgau und Grimma.

Die fünf Städte, welche mich am meisten beeindruckten

❖ **Leipzig**

Leipzig war einst eine bedeutende Handels- und Messestadt und die siebtgrößte Metropole Deutschlands.

Oft wird Goethes Spruch `Mein Leipzig lob ich mir! Es ist ein klein Paris und bildet seine Leute´. zitiert. In den frühen Wendezeiten schrumpfte Leipzig stark. Vor allem der Osten Leipzigs hatte keine gute Perspektive und manche fragten sich, ob dieser Stadtteil sterben würde. Eine Kommilitonin zog schon bald nach der Wende nach Leipzig und als ich sie dort besuchte, spürte man das Potential der Stadt, es war aber auch klar, dass der Weg lange sein würde. Um die Mitte der 90er Jahre ging es dann plötzlich los. Ganze Straßenzüge waren plötzlich eingerüstet und eine emsige Sanierungsaktivität setzte ein. Bereits um das Jahr 2000 hatte sich das Stadtbild deutlich verbessert. Aus dem grauen Entlein begann ein schöner Schwan zu werden und ganze Straßen erstrahlten in gründerzeitlicher Sandsteinpracht. Eine Art *Wunder von Leipzig.* Die kleinteilige und dicht bebaute Innenstadt wurde ebenfalls immer attraktiver mit schön sanierten Passagen. Hier hatte der Westinvestor Jürgen Schneider, der später Pleite ging, viel Geld in die Hand genommen. In den prächtigen Jahrhundertwende-Kopfbahnhof wurde wiederum erfolgreich ein Einkaufszentrum integriert. Als Berlin zu boomen anfing und immer teurer wurde, konnte es nicht lange dauern, bis die Vorteile des weiterhin preiswerten Leipzigs bundesweit entdeckt wurden. Kurz nach 2010 setzte hier eine Trendwende ein und immer mehr Medien berichteten unter dem Schlagwort *Hypezig* darüber. Nicht nur aus ostdeutschen Regionen wanderten hier immer mehr zu, auch aus Westdeutschland und schließlich aus dem Ausland. Parallel boomte der Jobmarkt. Aus der schrumpfenden Stadt war die am schnellsten wachsende Großstadt Deutschlands geworden. Mittlerweile hat Leipzig die 600 000 Einwohner Marke überschritten und man glaubt an ein weiteres Wachstum, wenn auch die Rekordzahlen der letzten Jahre nicht mehr erreicht werden. Leipzig ist zudem eine wichtige Musikstadt (Richard Wagner wurde hier geboren) mit einem berühmten Opernhaus, einer Musikalischen Komödie und dem ebenfalls berühmten Gewandhaus, einem Konzerthaus.

Leipzigs Opernhaus

❖ Oschatz

Die `Stadt im Herzen von Sachsen´ hat einen sehr vorzeigbaren Stadtplatz, den Neumarkt. Hier sieht man hinter dem Rathausturm noch die zwei Türme von St. Aegidien. Auf dem Platz ein historischer Brunnen. Bei einem Besuch mit Freunden im Mai 2015 steigen wir auf den Südturm und sehen uns die Türmerwohnung an.

Oschatz

❖ Grimma

In Grimma fällt die gut erhaltene historische Altstadt mit dem sehenswerten Renaissance-Rathaus auf. Innenstadtnah die Mulde, deren Hochwasser 2002 und wieder 2013 in der Stadt schwere Schäden hervorgerufen hat. Im Jahr 2012 war ich dort und die Stadt hatte sich gerade vom Jahrhunderthochwasser 2002 erholt. Die Sonne schien und man konnte sich kaum vorstellen, dass bereits ein Jahr später wieder ein Hochwasser Verwüstungen hervorrufen würde. Mit einem

69

befreundeten Journalisten besuchte ich die Seume-Gedenk-
stätte, von welcher man einen schönen Blick auf die Landschaft hat. Der Schriftsteller Johann Gottfried Seume
(1763-1810) lebte Ende des 18. Jahrhunderts in Grimma.

❖ **Torgau**

Torgau ging mit Bildern in die Geschichtsbücher ein als
sich hier am 25. April 1945 amerikanische und sowjetische
Truppen an der Elbe trafen. Torgau wurde im Krieg
praktisch gar nicht zerstört und zeigt heute ein geschlossenes historisches Stadtbild. Höhepunkt ist das Schloss
Hartenfels am Rande der Innenstadt auf einer Anhöhe am
Elbufer gelegen. Ich gehe bei meinem Besuch im Jahre
2015 auf eine Elbbrücke, um das Panorama von Schloss
und Stadt zu betrachten. Nach Leipzig die vielleicht
sehenswerteste Stadt im ehemaligen Regierungsbezirk.

Torgau

70

❖Borna

Borna besuchte ich im Mai 2021 und einiges fiel mir dabei auf. Zunächst sind es die vielen Wandgemälde mit Bildern von Schlachten oder Postkartenmotiven. Dann der große Marktplatz mit Barockrathaus und verschiedenen interessanten Bürgerhäusern. Schließlich die Stadtkirche St. Marien, davor eines der wenigen modernen Martin Luther-Denkmäler, ausgestattet mit verschiedenen Lutherzitaten, teilweise aus seiner Bornaer Zeit. Fast hätte ich den Reformator nicht erkannt, ich hatte ihn glattgeschoren und nicht mit Bart im Kopf. Neben der Stadtkirche die kleine Emmauskirche. Diese sollte dem Braunkohlebergbau zum Opfer fallen und wurde im Jahr 2007 mit einem Spezialtieflader mit 160 Rädern nach Borna versetzt. Damit ist es mit den Sehenswürdigkeiten jedoch noch nicht zu Ende. Alsbald komme ich zum Reichstor, das einzige der vier ehemaligen Stadttore, welches erhalten blieb. Heute beherbergt es ein Museum. An einem Platz vor dem Tor ein Denkmal für den in Borna geborenen Pädagogen Gustav Friedrich Dinter (1760-1831). Geht man durchs Tor in die Fußgängerzone steht man bald vor dem Dinterhaus. Daran der pädagogische Spruch zu lesen, dass man dem Lernenden nicht das geben soll, was er selbst finden kann. Als ich zurück zum Bahnhof gehe komme ich wieder an einer Wandmalerei vorbei. Diese zeigt ein altes Postkartenmotiv, eine Frau mit Zwiebeln und erinnert daran, das Borna als Zwiebelstadt bekannt ist.

Emmauskirche

71

Weitere Städte in den Top 100

❖**Pegau**

Pegau ist eine recht kleine Stadt, die jedoch ein gut erhaltenes historisches Zentrum vorweisen kann. Dort zeigt am Napoleon-Haus eine Gedenktafel, dass Napoleon I am 3. Mai 1813 hier übernachtete. Im Oktober desselben Jahres übernachtete vor der Völkerschlacht bei Leipzig der russische Zar Alexander I. im Haus.

❖ **Wurzen** und Ringelnatz

Nach Wurzen, was von Leipzig aus gut erreichbar ist, fahre ich 2014 aus zwei Gründen. Erstens wurde hier der Dichter Joachim Ringelnatz geboren (1883-1934), das Geburtshaus steht noch (siehe Foto). Zweitens gibt es den sächsischen Spruch, *For Worzzn worzzn schlächd, nach Worrzn worrzn widdorr bässorr.* Die Innenstadt von Wurzen erweist sich dann beim Besuch als mäßig pittoresk.

Ringelnatz´Geburtshaus

72

❖Taucha

Unmittelbar an Leipzigs Stadtgrenze gelegen ist Taucha eine akzeptable, aber unspektakuläre Kleinstadt. Auf dem Weg zur Innenstadt komme ich mit einem befreundeten Journalisten an einem Teich vorbei, den wir genauer inspizieren. Höhepunkt der Stadt ist eigentlich das Rittergut und der Stadtpark mit Aussichtsturm, welcher bei unserem Besuch im Mai 2020 jedoch leider geschlossen war.

❖Eilenburg

Wie Taucha ist Eilenburg eine unspektakuläre Kleinstadt nordöstlich von Leipzig. Was mir nach meinem Besuch im Mai 2020 in Erinnerung geblieben ist, ist das schöne Empfangsgebäude des Bahnhofs, ein schöner Stadtpark, der Blick vom Burgberg mit seinem Wohnturm und die pittoreske Mühlinsel.

❖ Bad Lausick

Irgendwo hatte ich mal den Witz gelesen, die kleine sächsische Kurstadt wäre bad und lausig. Man kommt jedoch gleich an einem ehemaligen Empfangsgebäude an, welches als griechisches Restaurant aufgefrischt wurde und vor dem zahlreiche griechische Götterstatuen stehen. In der Innenstadt ein sehenswertes und repräsentatives historistisches Rathaus, eine gemütliche beschauliche Fußgängerzone und eine kleine Stadtkirche, umgeben von Grün. Dass hier ein Kurort entstand, ist dem Braunkohleabbau zu verdanken, der im Jahre 1820 zur Entdeckung von Heilquellen führte. Die Kureinrichtungen habe ich bei meinem Aufenthalt im Mai 2021 nicht besucht, aber die Stadt ist weder schlecht noch lausig.

Rathaus von Bad Lausick

❖ Delitzsch

Im Zuge einer geographischen DDR-Exkursion fuhr der Bus auf dem Weg nach Leipzig auch durch Delitzsch, was damals eine sehr graue Stadt war, wo es allerdings immerhin ein Schloss gab. Heute ist Delitzsch viel bunter und behaglicher und jedes Mal, wenn ich in Leipzig bin, nehme ich mir vor, mal wieder nach Delitzsch zu fahren.

❖ Geithain

Geithain ist recht klein, hat aber einen weiten Marktplatz mit historischem Rathaus in der Mitte und die schöne Silhouette eines von einer Stadtmauer umgebenen Kirchenhügels.

Andere Orte

Markkleeberg

Markkleeberg ist als Stadt nicht besonders alt und hat auch keinen mittelalterlichen Stadtkern vorzuweisen. Es ist eher als wohlhabender Vorort Leipzigs mit stattlichen Gründerzeithäusern und Villen zu sehen. Immerhin gibt es hier das Deutsche Fotomuseum. Durch die neue Seenlandschaft im Süden Leipzigs ist Markkleeberg zudem seit 1990 in seinem Freizeitwert stark aufgewertet worden.

Böhlen

Nach Markkleeberg ist die nächste Bahnstation Böhlen. Lange Zeit war Böhlen nur ein Dorf. Durch den Braunkohleabbau kam es jedoch in den 1920er Jahren zu einem starken Aufschwung, und der Architekturstil dieser Zeit prägt noch heute die Stadt.

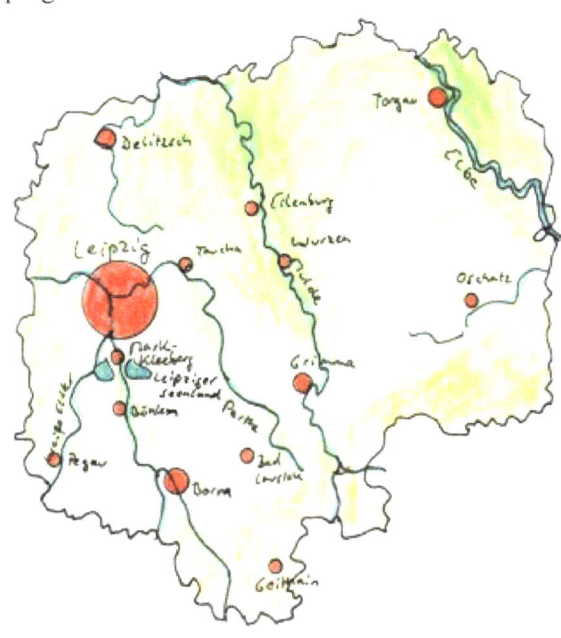

Besuchte Städte im ex-Bezirk Leipzig: 14 von 30

Top-Städte (Top 5 fett): **Leipzig, Oschatz, Grimma, Torgau, Borna,** Delitzsch, Wurzen, Eilenburg, Bad Lausick, Pegau, Geithain, Taucha

Andere besuchte Orte
Markkleeberg, Böhlen

75

4.3 Ehemaliger Regierungsbezirk Chemnitz

Mit dem Erzgebirge und dem Vogtland ist der ehemalige Regierungsbezirk Chemnitz landschaftlich attraktiv. Auch an sehenswerten Städten ist die Region nicht arm. Es gibt zwar keine richtigen Touristenstädte, aber Chemnitz ist durchaus besuchenswert und Freiberg hat ein attraktives Stadtbild. Zwickau und Plauen sind Mittelstädte mit einzelnen Architekturhöhepunkten.

Die fünf Städte, welche mich am meisten beeindruckten

❖ **Chemnitz**

Chemnitz hieß von 1953-1990 Karl-Marx-Stadt. Wegen dem örtlichen Tonfall sagte man auch spöttisch Stadt der drei O (*Gorl-Morggs-Stodt*). Noch heute ist der große Karl-Marx-Kopf, *Nischl* genannt, eine 40-Tonnen schwere Bronzeplastik, zweitgrößte Portraitbüste der Welt, die wichtigste Sehenswürdigkeit der Stadt.

Chemnitz, einst sächsisches Manchester oder Rußchemnitz genannt, ist eine Stadt mit Industrie- und Arbeitertradition. Früher hieß es, `in Chemnitz wird gearbeitet, in Leipzig gehandelt und in Dresden geben sie das Geld aus`. Im Krieg stärker zerstört als Leipzig, gilt es manchen auch als Stadt ohne Innenstadt. Zumal die Innenstadtreste zugiger und unwirtlicher wirken als etwa in Leipzig. Auch der Hauptbahnhof wirkt wesentlich ungemütlicher als der in Leipzig. Es gibt nur wenige Geschäfte und geht man auf den Vorplatz, ist man nicht sicher, in welche Richtung es zur Innenstadt geht. Der erste Eindruck ist deshalb nicht so positiv. Chemnitz´ Stärken liegen jedoch in Stadtteilen wie Kaßberg und Sonnenberg, wo man von durch beeindruckende Straßen mit geschlossener Gründerzeitarchitektur wandeln kann.

❖ **Plauen**

Wie in Chemnitz, ist der erste Eindruck, wenn man vom (oberen) Bahnhof kommt, nicht besonders gut, zumal der Bahnhof auch noch eine nichtssagende Kiste aus DDR-Zeiten ist und man erstmal eine breite Straße überqueren muss, um zur Innenstadt zu gelangen (ein wenig besser ist der Weg vom unteren Bahnhof, da man dann den Schloss-berg sieht). Zunächst säumen nicht besonders attraktive Wohnbauten aus der DDR-Zeit die Straße. Je näher man dem Zentrum kommt, desto ansehnlicher wird jedoch das Straßenbild. Allerdings fehlt es an einer beeindruckenden Kirche. Auch der Marktplatz ist nur wenig atmosphärisch. Immerhin gibt es in der Stadt ein Museum für den Zeichner O.E. Plauen, der seine letzten Lebensjahre in der Stadt verbrachte. Ein schönes neoklassisches Theatergebäude gibt es auch. Hier sehe ich im Dezember 2018 eine Opern-aufführung. Die Spitzenstadt Plauen nimmt zudem für sich in Anspruch, die erste gewesen zu sein, in welcher 1989 die ostdeutsche Revolution startete. Plauen hatte auch das erste McDonalds Restaurant im Osten. Heute meinen viele, we-gen höherer Förderquoten im Osten entwickle sich Plauen als Einkaufsstandort besser als das oberfränkische Hof.

❖ **Freiberg**

Durch den Bergbau war Freiburg einst eine reiche Stadt, was man angesichts der großen prächtigen Altstadt ihr immer noch ansieht. Noch heute gibt es dort eine Bergakademie. Deshalb gibt es in der Stadt auch den einzigen geologischen Buchladen Deutschlands, einmal ein Grund für mich hierher zu fahren. Im Schloss ist ein geolo-gisches Museum zu besichtigen und als ich Opernspiel-stätten sammle, komme ich nochmal hierher, um im Stadt-theater einer Opernaufführung beizuwohnen. Der Bahnhof von der Innenstadt dann eher schlecht zu erreichen und wie

77

oft in Mittelstädten in Sachsen abends tot und ohne jede Einkaufsmöglichkeit.

Freiberg

❖ Zwickau

Zwickau, die Sachsen sagen angeblich Zwigge, wurde im Krieg nicht zerstört aber zu DDR-Zeiten wurde hier viel historische Bausubstanz abgerissen, um Zwickau in eine sozialistische Modellstadt zu verwandeln. Jedes Mal, wenn ich nach Zwickau fahre, bin ich von der Stadt weniger beeindruckt und nach dem letzten Besuch strich ich sie aus der Liste der hundert Top-Städte Deutschlands. Der Bahnhof ist einfach zu weit vom Stadtzentrum entfernt. Der lange schrumpfenden Stadt fehlt eine quirlige Lebendigkeit und der sozialistische Modellstadtgedanke ist hier wenig originell verwirklicht worden. Die Berliner Schauspielerin Inge Meysel (1910-2004) begann ihre Karriere, nach eigenen Worten `in Zwickau, am Arsch der Welt´.
Meine Hoffnungen ruhen auf der Sanierung des Gewandhauses, welches 2021 als Opernspielstätte wiedereröffnet wird, potenziell eine Preziose unter den deutschen Opernhäusern.

❖ **Wolkenstein-** das sächsische Rothenburg

Wolkenstein liegt an der Bahnstrecke von Chemnitz nach Annaberg-Buchholz. Vom Zug aus sieht man eine Burg auf einem steilen Felsen hoch über dem Bahnhof. Im Sommer 2015 steige ich hier aus, um dieses sächsische Rothenburg zu erkunden. Es stellt sich als sehr kleiner Ort heraus, der aber durch sein Schloss und seine Topografie sehr romantisch wirkt. Eine Begleiterin meint, das wäre die schönste Kleinstadt in Sachsen, die sie gesehen hätte.

Weitere Städte in den Top 100

❖ **Reichenbach im Vogtland**

Einen Besuch der berühmten Göltzschtalbrücke verbinde ich im Jahr 2014 mit einer Stippvisite der vogtländischen Städte Reichenbach, Mylau und Netschkau. Die letztgenannten Städte sind sehr klein. Reichenbach ist zumindest eine Mittelstadt, der man aber das Schrumpfen ansieht. Der Bahnhof wirkt viel zu groß, in der Innenstadt stehen Gewerbeflächen leer. Durch Abriss sind Grünflächen entstanden, aber Urbanität geht so auch verloren.

☞ Zum Vogtland-Dialekt heißt es übrigens: *S'Vuchtlond is do wo de Hasn Hosn un de Hosn Husn haßen.*

❖ **Crimmitschau**

Bei der Ankunft in Crimmitschau beeindruckt das Empfangsgebäude des Bahnhofs, welches darauf hinweist, dass die ehemalige Textilindustriestadt einst reicher und bedeutender war als heute. In der Innenstadt ein prächtiges Rathaus und stattliche Plätze. Aber auch Zeichen der Schrumpfung und des Leerstandes. Am Rande der Innenstadt klobige Wohnbauten, die noch in den letzten DDR-Jahren errichtet wurden.

❖ Bad Elster

Bad Elster ist eine winzige Stadt in einem nach Tschechien hineinragenden Südzipfel Sachsens. Als eines der ältesten Mineralbäder Deutschlands weist die Stadt beeindruckende historische Kuranlagen auf. Leider befindet sich in der Stadt selbst kein Bahnhof. Der nächste Bahnhof liegt in der kleinen Stadt Adorf, man muss dorthin den Bus nehmen.

❖ Werdau

Von einem Besuch in Werdau im Jahre 2015 blieb mir eigentlich nur das beeindruckende große Neorenaissance-Rathaus (erbaut 1908-11) und der langgestreckte Marktplatz in Erinnerung.

❖ Annaberg-Buchholz und das Theater

Was mich an Annaberg-Buchholz, einer Kleinstadt im Erzgebirge mit weniger als 20 000 Einwohnern, am meisten überraschte, war, dass es hier mit dem Winterstein-Theater sogar eine Opernspielstätte gibt. Sachsen ist mit zehn Opernhäusern auf vier Millionen Einwohner sehr gut mit Musiktheatern ausgestattet, aber so eine kleine Stadt hätte man nicht auf der Opernhauslandkarte erwartet. Das Haus ist allerdings eher klein, sieht jedoch von außen repräsentativ aus.

Das Theater ist nach dem in Wien geborenen Schauspieler Eduard von Winterstein (1871-1971) benannt. Winterstein war zwei Jahre in Annaberg (1893-95). Über diese Zeit schrieb er: *Ich war in Annaberg wie neu geboren... In diesem kleinen Städtchen war ich erst wirklich zum Schauspieler geworden. So wurde die Annaberger Zeit eine der schönsten in meinem Beruf.* Mit Annaberg Buchholz ist auch der in Staffelstein in Oberfranken geborene Mathematiker Adam Ries verbunden. Er zog 1522 nach Annaberg und lebte hier bis zu seinem Tod im Jahre 1559. Heute findet sich auf dem Marktplatz ein Adam Ries(e)- Denkmal.

Theater von Annaberg-Buchholz

Andere Orte

Mylau
Auf dem Weg mit dem Taxi zur Göltzschtalbrücke, weltweit größte Ziegelbrücke und eine der berühmtesten Eisenbahnbrücken Deutschlands, kam ich durch Mylau und bat den Taxifahrer, kurz anzuhalten. Gesehen habe ich von der topographisch schön gelegenen Stadt dabei nur wenig. Für einen Besuch der Burg reichte die Zeit leider nicht. Auf der Fahrt zur Brücke noch Halt in Netzschkau wo es immerhin ein spätgotisches kleines Schlösschen gibt.

Pausa und die Erdachse
Die kleine Stadt Pausa liegt ganz am Westrand Sachsens. Trotzdem sieht sie sich als eine Art Mittelpunkt des Vogtlandes und sogar als Mittelpunkt der Welt. Auf dem Dach des Rathauses ist eine Weltkugel angebracht und im

Rathaus ist ein Raum, in welchem man die Erdachse sehen kann. Nach Einwurf von 50 Cent darf man diese sogar mit Erdachsenöl schmieren. Das konnte ich mir als Geograph nicht entgehen lassen und so kombinierte ich einmal einen Besuch Plauens mit dem Schmieren der Erdachse in Pausa.

Erdachse schmieren in Pausa

Oberwiesenthal

Mit 915 m über NN ist Oberwiesenthal Deutschlands höchstgelegene Stadt. Städtisch wirkt der Ort mit seinen 2000 Einwohnern jedoch kaum. Oberwiesenthal ist ein Wintersportort an den Hängen des Fichtelbergs (1215 m) gelegen, der höchsten Erhebung des Erzgebirges (und nicht etwa des Fichtelgebirges). Im August 2015 besuche ich die Stadt und fahre mit der Seilbahn zum Fichtelberg hinauf. Die Winter sind hier oben lange und oft kann man an Ostern noch Skifahren, wobei die Touristen dann bis aus Berlin anreisen. An historischen Sehenswürdigkeiten gibt es im etwas zu aufgeräumt, fast leer und ungemütlich wirkenden Stadtzentrum eigentlich wenig zu sehen.

82

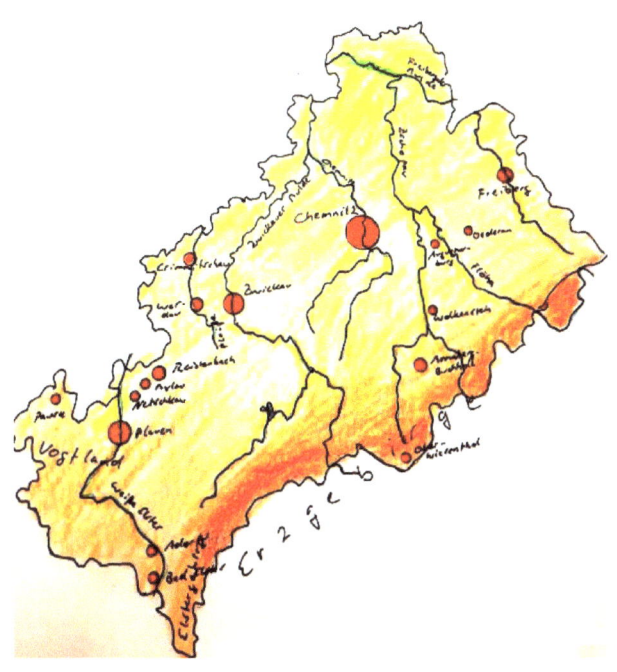

Besuchte Städte im ex RB Chemnitz: 16 von 79

Top-Städte (Top 5 fett): Chemnitz, Freiberg, Plauen, Zwickau, Wolkenstein, Reichenbach, Bad Elster, Crimmitschau, Annaberg-Buchholz, Werdau

Andere besuchte Orte
Adorf, Netzschkau, Mylau Oberwiesenthal, Oederan, Pausa

Anhang

Am Bahnhofsplatz von Gotha

Goethe-Zitat (1792) Denn man reist doch wahrlich nicht, um an jeder Station das gleiche zu sehen und zu hören.

1. Top 100 Städte der Region

Region	Top 10	Weitere Top 100 Städte
Berlin Branden-Burg (20)	Berlin, Potsdam, Cottbus, Frankfurt/O Brandenburg, Luckau, Eberswalde, Finsterwalde, Buckow, Angermünde	Wittenberge, Neuruppin Jüterbog, Kyritz, Lübben Lübbenau, Bad Belzig, Oranienburg, Rheinsberg, Spremberg
Sachsen-Anhalt (23)	Magdeburg, Halle, Dessau, Wernigerode, Quedlinburg, Stolberg, Naumburg, Wittenberg, Eisleben, Tangermünde	Aschersleben, Halberstadt, Bernburg, Weißenfels, Salzwedel, Stendal, Bad Lauchstädt, Osterwieck, Freyburg, Merseburg, Zeitz, Haldensleben, Wolmirstedt
Thüring-en (23)	Erfurt, Weimar, Altenburg, Gera, Rudolstadt, Greiz, Arnstadt, Meiningen, Gotha, Eisenach	Jena, Mühlhausen, Schmalkalden, Heilbad Heiligenstadt, Treffurt, Bad Liebenstein, Neustadt/Orla, Apolda, Bad Salzungen, Sömmerda, Saalfeld, Weißensee, Ilmenau
Ex RB Dresden (12)	Dresden, Meißen, Bautzen, Pirna, Görlitz, Zittau, Radebeul, Löbau, Bad Muskau, Bad Schandau	Kamenz, Hoyerswerda
Ex RB Leipzig (12)	Top 5: Leipzig, Oschatz, Grimma, Torgau, Borna	Delitzsch, Wurzen, Eilenburg, Bad Lausick, Pegau, Geithain, Taucha
Ex RB Chemnitz (10)	Top 5: Chemnitz, Freiberg, Plauen, Zwickau, Wolkenstein	Reichenbach, Bad Elster, Crimmitschau, Annaberg-Buchholz, Mylau

2. Historische Stadtkerne in Brandenburg
(31 Mitgliedstädte)

Quelle: http://www.ag-historische-stadtkerne.de/31-stadtkerne/

3. UNESCO-Welterbestätten in den vier Bundesländern

Berlin/Brandenburg
Museumsinsel Berlin
Siedlungen der Berliner Moderne
Schlösser und Parks von Potsdam und Berlin

Sachsen
Muskauer Park
Montanregion Erzgebirge

Sachsen-Anhalt
Naumburger Dom
Stiftskirche, Schloss und Altstadt von Quedlinburg
Bauhaus und seine Gedenkstätten in Weimar, Dessau und Bernau
Gartenreich Dessau-Wörlitz
Luthergedenkstätten in Eisleben und Wittenberg

Thüringen
Wartburg
Klassisches Weimar
Bauhaus und seine Gedenkstätten in Weimar, Dessau und Bernau

4. Einwohnerentwicklung der größten Städte

Stadt	Fläche (km^2)	Einwohnerzahl (1000)		
		2010	2018	2019
Berlin	892	3461	3645	3669
Leipzig	298	523	588	593
Dresden	328	523	555	557
Chemnitz	221	243	247	246
Halle (Saale)	135	233	239	239
Magdeburg	201	232	239	238
Erfurt	270	205	214	214
Potsdam	189	157	178	180
Jena	115	105	111	111

2019 (1000 Einwohner): Cottbus 99.7, Gera 93.1, Dessau-R. 80.1

87

Weitere Bücher des Autors zu Städten (Siehe www.bod.de)

Weg ist das Ziel
Wie ich tausendundeine Stadt in Deutschland besuchte
Books on Demand, Norderstedt 2020

Von Kassel bis Kusel
100 Städte in Hessen, Rheinland-Pfalz und Im Saarland, welche
man kennen sollte.
Books on Demand, Norderstedt 2022

Tief im Westen
100 Städte in Nordrhein-Westfalen, welche man kennen sollte
Books on Demand, Norderstedt 2022

Nordlichter
100 Städte in Norddeutschland, welche man kennen sollte
Books on Demand, Norderstedt 2022

Butterseelenallein
100 Städte in Baden-Württemberg und im Elsass, welche man
kennen sollte.
Books on Demand, Norderstedt 2022

Weiß-blaue Schatzkästlein
100 Städte in Bayern, welche man kennen sollte.
Books on Demand, Norderstedt 2022

Puppenstube und Frittenbude
100 Städte in den Beneluxländern, welche man kennen sollte
Books on Demand, Norderstedt 2022

Wo ein Villach ist, ist auch ein Weg
100 Städte in den Alpenländern, welche man kennen sollte
Books on Demand, Norderstedt 2022